JLA
図書館実践シリーズ ·································

東松島市図書館
3.11からの復興

東日本大震災と向き合う

加藤孔敬

日本図書館協会

**Recovery from the East-Japan Great Earthquake:
the Case of Higashimatsushima Library**

(JLA Monograph Series for Library Practitioners ; 29)

東松島市図書館 3.11 からの復興 ： 東日本大震災と向き合う ／ 加藤孔敬著. - 東京 ： 日本図書館協会, 2016. - 270p ； 19cm. - (JLA 図書館実践シリーズ ； 29). - ISBN978-4-8204-1519-0

t1. ヒガシマツシマシ トショカン サンテンイチイチ カラ ノ フッコウ a1. カトウ, ヨシタカ s1. 東松島市図書館 s2. 東日本大震災 s3. デジタルアーカイブ ①016.2123

はじめに

　本書を手にとっていただきましてありがとうございます。
　東日本大震災以降に皆様から，物心の両面にわたり多くのご支援をいただきましたこと，心からお礼申し上げます。
　東北沿岸に住む私たちにとって，あのとき，何が起きたのか理解できずにいました。時間の経過とともに，受け入れたくない思い，強烈過ぎて記憶がないこと，強烈に記憶に残されていること，そしてすべてが想像を越え，映画のような出来事で，夢であってほしいが目が覚めると現実なこと，どうにもならず思いだけが巡る日々でした。
　しかし，国内外から惜しみない支援，思いを寄せていただき，支えていただき，人の優しさや親切に勇気づけられ励まされ，時には慰められて涙し，胸が熱くなることを覚え，ここまで来ることができました。
　ある学校長が，震災の体験談で印象的なことを話していました。「この震災で，なくしたものはたくさんあります。しかし，大変不謹慎な言い方ですが，子どもたちは失うばかりではなく，人としての優しさ，思いやり，つながり，希望，勇気，元気を，皆様を通じて育むことができました。」
　以下は，個人的な解釈となりますことをお許しください。この震災は，そうとでも思わなければ，あまりにも悲惨すぎ，あのとき，生きたくても生きられなかった人たちに申し訳ないこと，浮かばれないこと，やるせなさで多々埋め尽くされるかと思います。あえて心の整理をつける必要はないとは思いますが，心

の納まり方，納め方として，私個人の思いとして，今，そんなふうに感じている次第です。

　ご了承いただきたいことがあります。今回のテーマについては，書こうか止めようか幾度となく悩みました。こうしてパソコンに向き合い，打ち込んでは読んで，消しては打ち込むことを繰り返しました。これは，書くことで誰かを傷つけたり，苦しめたりしてしまうのではないか。そして，私のような者が書くに値するのか。家族や財産を失った方々への配慮が不足していないか。軽微な震災被害で済んだ者が書いても，しらじらしく，書くのがはばかられるという思い。そして何より，まだまだ震災の傷が癒えていない人や，復興途中の方が多くいる事実を前にして，自問自答を繰り返しながら書かせていただきました。
　一方で，私は2015（平成27）年春，図書館から異動しました。異動先では震災から5年目に備え，日常業務のほかに，復興に向けた整理作業が次々とあります。自分の中では，途方にくれて，戸惑いと自信が持てない悩みを内心に抱えていました。仕事のレベルは初心者でした。しかし，職場のメンバーは仕事も人間としてもスキルが高く，あたたかい人たちで，もったいないくらいに本当に恵まれた環境で，そんな仲間に心身ともに支えられ，困難が多くても乗り切れています。そして，休日は家にこもり，パソコンに向かい，本書に打ち込むことで，図書館でのこれまでを振り返ると，支えてくれた人たちの顔がたくさん浮かび，背中を押してもらえました。そして，ここまで来ることができました。

　わがままですが，次の希望があります。
　本書を読んでいただけるのならば，東日本大震災があったと

いう事実，震災復旧・復興の過程の中での出来事を知っていただければと思います。

あわせて，次の提案を受け入れていただけると幸いです。

宮城県南三陸町の当時，高校生だった語り部の言葉を要約して引用させていただきます。

「他人事ではなく，自分事として。同情ではなく，共感してほしい。」

これを，私なりに解釈すると，「自分事」として共感することで，来るべき災害の心構えと知識を構築し，応用力をつけて，対応への備えのきっかけとしていただきたいのです。

東北大学教授の柴山明寛氏が，「宮城県東日本大震災アーカイブス連絡会議」の 2015（平成 27）年「アーカイブの利活用についての夏合宿」での討議の中で，防災・減災における「震災伝承」について次のような興味深いことを話されました。

今後ますます自然災害が多様化し，想定外の事態が起きると思います。東日本大震災を地震と津波被害という事実認識だけで終わらせるのではなく，今後の自然災害の中で意識を共有することが大切です。また，衣食住の確保・避難所・応急仮設住宅・支援活動などをキーワードとすると，これらは津波被害だけではなく，あらゆる自然災害発生時において共通するところであり，今後に活かすことが可能です。私たちは東日本大震災（自然災害）からの復旧・復興のさまざまなプロセス（過程）を学ぶことが大切です。このプロセスを転用し，汎用性と応用力を身につけることは，いざというときの備えとなり，多様性を見せる自然災害への応用が可能となり，効果的に対応できるようになるとのことでした。

この後に本編が始まります。不運にも震災で亡くなった，読み聞かせボランティアの松本昭英さんや和泉悦子さんの足跡を残したいという思いをこめました。また，これまで支援していただいた方々に，こうした形で報告することで，少しでもご恩返しになればという一心です。そして，こんな司書でも，思いと努力を積み重ねて，このくらいはできるのだ，ということが記されていると理解していただければと思います。

　最後に，「サマーサンタクロース作戦」(学校図書館の整備支援事業) でのボランティア活動をきっかけにつながることができた蓑田明子さん，『みんなで考える　図書館の地震対策』，『みんなで考える　こんなときどうするの？』の編集で，ポジティブに嫌な顔せずお付き合いいただいた内池有里さん，お二方には大変お世話になりました。あたたかい目で，ご指導いただきながらなんとか，この１冊にできたことを感謝申し上げます。

　2016（平成 28）年 1 月　　　　　　　　加藤　孔敬

※本書の中に出てくる方々の肩書きは，当時のままとさせていただきました。また，略称とさせていただいている場合がありますのでご了承ください。

目次

はじめに　iii

●1章● 東松島市と図書館　1

1.1　まちの様子　1
1.2　図書館の様子　2
(1)　東松島市図書館の概要　2
(2)　旧矢本町立図書館での取り組み　3
　① 周知活動　3
　② 具体的な取り組み　4
　③ 「図書館まつり」と「青空リサイクル・ブックフェアー」　7
　④ 地震対策　8
(3)　合併以降の取り組み　9
(4)　近年の取り組み　9
　① 長期総合計画へのアプローチ　10
　② 実施計画，予算の計上　12
　③ 子ども読書活動推進計画策定への動き　13
　④ 読書推進ポスターにこめた思い　13
　⑤ 「読書都市宣言」　15

●2章● 東日本大震災発生 ーその日から4月7日まで　17

2.1　東松島市の被災状況　17
2.2　経験した地震と津波（3月11日）　18
(1)　地震直後　18
(2)　津波の到達　19
(3)　その日の夜と次の朝　21
(4)　家族も被災している　22

目 次

2.3 避難所での活動（コミュニティセンター　3月17日まで） 24
(1) 避難者の把握の難しさ　24
(2) 津波肺　25
(3) 被災者の救助活動　25
(4) 食料の供給開始，電気の復旧　27

2.4 避難所での活動（宮戸島・小学校避難所，3月17日〜22日） 28
(1) 初日は出航できず　28
(2) 新聞配達から物流を思う　29
(3) 宮戸島の避難所へ　31
(4) 宮戸小学校の卒業を祝う会　32
(5) 避難所での業務　33
(6) 絵本の力　34

2.5 震災ホームページ作成・写真で記録（3月22日まで） 35
(1) お風呂のありがたさ　35
(2) ホームページ作成へ　36

2.6 日頃のつながりから 39

2.7 避難所担当から図書館の復旧作業へ（3月25日頃〜4月7日） 40
(1) ライフラインの復旧と図書館での作業　40
(2) 図書館への問い合わせ，避難者と読書　42

2.8 致命傷（4月7日，震度6弱の余震発生） 44
(1) 少しずつ復旧へ　44
(2) 最大の余震発生　45
(3) 就寝前に本を　47

●3章● 図書館活動を支えるボランティアの方々と震災 …… 48

3.1 聞こえてくる情報　48
3.2 震災前（生前）の活動　49
3.3 「ありがとう」が言いたくて　51

●4章● 立ち上がる …… 53

4.1 支援図書の受入調整（5月下旬まで）　54
4.2 支援物資の受入能力の限界　56
4.3 宮城県図書館の市町村支援活動　58
4.4 日本図書館協会や他団体からの人的支援等を受ける　58
4.5 雇用を生み出す　59
4.6 支援の情報提供と要請　61
　(1) 図書館振興財団への支援要請と紙芝居制作　61
　(2) 「Amazon 東日本大震災応援サイト」への支援要請　63
　　① 仕組み　64
　　② 登録申請　65
4.7 自衛隊と図書館（支援の支援）　66
4.8 「子どもの広場」,「来館型無償配本」（読書推進活動本格再開）　68
　(1) 「子どもの広場」実施へ　68
　(2) 陸上自衛隊員とのふれあいと感謝　69

目 次

●5章● 仮開館（6月から） …………………………… 71

5.1 仮開館の日　71
（1）仮開館に向けての準備　71
（2）利用者の変化　72

5.2 震災関連での利用　特徴・傾向　74

5.3 家庭の読書環境の復旧－個人への「来館型無償配本」　75
（1）「来館型無償配本」の実施　75
（2）無償配本も工夫次第　76

5.4 小学校へ配本，巡回図書も再開　78

●6章● 通常開館（7月から） …………………………… 80

6.1 自動車図書館で配本する　80
（1）自動車図書館を動かす　81
（2）運行状況・出来事・出会い　82
　① 応急仮設住宅にて　82
　② 移動中，災害復旧車両との出来事　83
　③ 子ども会行事など　83
（3）道路事情を振り返る　84
（4）自動車図書館（出張型無償配本）の終了　86

6.2 震災に負けない読書による思い出づくり（7月から）　86
（1）ポスター作成から完成まで　87
（2）「マイブック笑顔プロジェクト in 熊本」　88

6.3 被災地支援に「ありがとう」（感謝）を発信　88
（1）心あたたまる支援を市民に伝える　89

（2）　支援者にお礼を発信していく　89
　　（3）　感謝の気持ちを何とか形にして届ける　90
　6.4　Amazonを通じた国内外からの支援　91
　　（1）　支援者からのうれしいメッセージ　91
　　（2）　お礼のメッセージを発信する　92
　　（3）　Amazonを通じていただいた支援　92
　6.5　無邪気な出来事　おはなし会の中から　92
　6.6　図書の被災・返却・督促（8月中旬から）　94
　6.7　花育と図書館　95

●7章● 「小さな図書館」（応急仮設住宅集会室等）　99

　7.1　開館に向けて（準備）　99
　7.2　住民の反応　101
　7.3　時間の経過とともに変わる利用の様子　102
　7.4　施設への無償配本　104

●8章● 被災地の子ども（司書の見聞）　105

　8.1　震災が子どもに残した爪あと　105
　8.2　爪あとから成長へ　107
　8.3　時の経過と子どもの変化　109

●9章● サマーサンタクロース作戦（学校図書館整備支援）　110

　9.1　学校図書館の整備の必要性　110
　9.2　図書館員が見た震災後の学校の様子　111

目 次

9.3 学校と図書館，これまでの関係　113
（1）　使える公共図書館に　113
（2）　学校図書館を支える　115
（3）　学校と図書館の「つながる」というトレーニング　115

9.4 学校と図書館，会議の中で　116
9.5 作戦を立て，本番に備える　119
（1）　物資の調整（図書館振興財団への支援申請）　119
（2）　支援（者）との調整（マッチング）　120
（3）　学校との調整（マッチング）　121
（4）　実施に向けた学校との調整（6月の会議　状況報告と整備支援に向けて）　122
（5）　段取り完了（支援物資・支援者・学校とのマッチング）　123

9.6 作戦実行　125
9.7 一日の作業　126
（1）　作業内容　126
（2）　作戦が大切な思い出に　129

9.8 成果・実績　130
9.9 その後，開校に向けて　スプリング・サンタクロース作戦　131

●10章● 東日本大震災アーカイブ収集活動 ………… 132

10.1 震災資料の収集方法と経緯　132
（1）　無理なくさりげなく，震災資料の収集　132
（2）　苦い経験を踏まえた，震災資料の収集　133

10.2 「震災の記録」の事業化に向けて　133
（1）　「東日本大震災を語り継ぐ事業」の立ち上げへ　133
（2）　図書館振興財団の助成金を申請　135

(3) 「311まるごとアーカイブス」との出会い　136
10.3　事業内容の検討　137
　(1) 震災の体験談等の収集　138
　(2) 避難所や応急仮設住宅での活動記録やチラシ等の収集　140
　(3) 震災当時の写真の収集　140
　(4) 新聞記事整理公開への作業　140
10.4　いよいよ，事業実施　141
　(1) 助成金が決定．事業実施へ　141
　(2) 苦戦・不調　142
10.5　震災の体験談の収集　143
　(1) 体験談の取材方法・ポリシー　143
　(2) 時間的な面からみる語り手の傾向，聞き手としての配慮　145
　(3) 聞き手の精神衛生上の配慮　146
　(4) 震災の記録収集について　147
　　① 語り手の心情の流れ　148
　　② 語ることの効果　148
　(5) 文字起こしと編集　149
　(6) 2012 (平成24) 年度における体験談の収集・整理状況　151
10.6　印象的な震災の体験談　152
10.7　資料の収集　156
　(1) 収集にもひと工夫　156
　(2) 対象資料と整理　158
10.8　写真の収集　159
10.9　新聞掲載の関連記事収集　160
10.10　2012 (平成24) 年度実績 (収集から一部公開まで)　162

目 次

10.11　広報活動と関連のイベント　163
　（1）「きっず夏休み復興アーカイブ記録・編集ワークショップ」
　　　（2012年度）　163
　（2）「みんなで印そう！　津波の高さMAP－後世に伝える
　　　震災の足あと－」（2013年度）　164
　（3）「なつかしの航空祭写真展」　165
10.12　連携　166
　（1）さまざまな組織との連携　166
　（2）被災地復興の定点観測　168
　（3）著作物の使用許可範囲を前もって取り決めておく　169

●11章● アーカイブを復興促進の一助とする ……… 170

11.1　公開・活用に向けた模索　170
　（1）震災資料収集・整理・保存の機能向上と充実に向けた
　　　調査検証等　171
　（2）公開（提供）・活用の調査等　171
11.2　実施計画の実現と予算化の狭間の中で　172
　（1）実施計画で意識したこと　172
　　① 市民の意見　172
　　② 連携の模索，周囲の状況を知っておく　173
　　③ 必要に応じた再現性・見せ方の検討　174
　　④ 事業の妥当性と迷い　174
　（2）実施計画のヒアリングの中で　176
　（3）電子データ公開にかかわるランニングコスト　176
　（4）新年度に備える　178
11.3　事業着手（収集から保存まで）　178
　（1）震災新聞記事　178

(2)　デジタル写真整備　179
　　①　写真ファイル（データ）へのメタデータ貼り付け　179
　　②　メタデータ貼り付けの検証　181
　　③　メタデータ貼り付けと加工　182
　(3)　震災の体験談　184
　　①　震災の体験談を英語化する　184
　　②　震災の体験談をとり終える　187
　(4)　震災資料収集　187

11.4　アーカイブの公開から活用まで　188
　(1)　図書館での利用や閲覧　189
　(2)　インターネット公開　189
　(3)　「まちなか震災アーカイブ」　190
　(4)　パンフレット　193
　(5)　震災の伝承（DVD・動画）　194
　(6)　貸出用携帯端末機（タブレット）のさらなる整備　196
　(7)　防災ワークショップ　197

11.5　震災デジタルアーカイブに取り組んでみて　199

● 12章 ● 今後の災害に備えて　図書館の事業継続計画（BCP）を考えてみる　200

12.1　東日本大震災から学ぶ通常の図書館活動の大切さ　200

12.2　東松島市図書館のBCPをつくるとしたら　203
　(1)　参考にしたいこと　204
　(2)　東松島市地域防災計画について　205
　(3)　図書館としての防災計画への補足事項　207
　　①　災害発生直後　208

目　次

　② 発生から3日以降　208
　③ 発生から2週間以降　209
　④ 発生から1か月以降　210
　⑤ 発生から3か月以降　210
　⑥ 発生から6か月以降　210
　⑦ 発生から1年以降　211

参考資料　213

1 　震災直後（市民の行動や心情・個人的に見えたこと）　214
2 　読書施設の被害状況　216
3 　支援本の特徴と市民（被災地）ニーズ　219
4 　支援本のパターン・受入状況・提案　221
5 　移動図書館申込書　225
6 　学校図書館整備調査のお知らせ文書など　226
7 　「サマーサンタクロース作戦・子どもたちへ本を届けよう！」
　　関連資料　229
　① 東松島市小中学校図書館整備事業　計画書　229
　② 東松島市小中学校図書館整備事業（準備資料）　230
　③ 東松島市小中学校図書館整備事業【支援者の方へ】　232
8 　ICT地域の絆保存プロジェクト「東日本大震災を語り継ぐ」事業
　　関係資料　234
　① 体験談・写真映像等提供　申請用紙（初期バージョン）　234
　② 体験談「語り手」募集　チラシ，承諾書　236
　③ 東日本大震災「心に残るメール」募集　チラシ　238
　④ 震災資料収集に係る電子化・公開承諾書，呼びかけチラシ　239
　⑤ 学校への資料提供呼びかけチラシ　241
　⑥ 「東日本大震災」体験記録の文字化，映像化のルール　242

⑦ 「きっず夏休み復興アーカイブ記録・編集ワークショップ」チラシ・申込用紙　244
⑧ 定点記録デジタルカメラ撮影に関する覚書　246
⑨ デジタル資料提供・使用許可申請書，許可証　249
⑩ デジタル写真データの整理に関する覚書　252
9　減災に備えて　259

さいごに　261
事項索引　264

1章 東松島市と図書館

1.1 まちの様子

　現在の宮城県東松島市は，2005（平成17）年のいわゆる「平成の大合併」により，矢本町と鳴瀬町が合併して誕生しました。
　まちの特徴としては，松島四大観の一つ「大高森」や，日本三大渓の一つ「嵯峨渓」があり，松島の奥座敷として年間を通じて観光客が訪れていました。特に震災前は，宮戸島や野蒜の地区には多くの宿泊施設があり，海水浴客や釣客，家族で自然体験をするなどのにぎわいを見せ，観光や漁業を生計とする市民が多くありました。
　また，「ブルーインパルス」の所属基地である航空自衛隊松島基地があり，曲芸飛行訓練で，日常的に青空のキャンパスに五輪マークやハートが描かれることが多く，最近では『空飛ぶ広報室』（有川浩著，幻冬舎，2012）の舞台となり，テレビドラマ化もされて話題となりました。
　まちの概要は下記のとおりです。
○人口・世帯数
　東日本大震災前　2011（平成23）年3月時点
　　43,142人　15,080世帯
　東日本大震災後　2015（平成27）年12月時点
　　40,183人　15,305世帯

○面積：101.86km²
○基幹産業：農業（米，野菜など），水産業（カキ，海苔など）
○財政規模：震災前 2010（平成 22）年度は約 149 億円
　2015（平成 27）年度は震災復興費用を含み約 978 億円

1.2 図書館の様子

(1) 東松島市図書館の概要

　東松島市図書館の前身は，旧矢本町の矢本町立図書館で，1993（平成 5）年 6 月，それまでの矢本町立公民館図書室から，鉄筋（RC）構造の平屋建て約 1,000 ㎡の図書館として開館しました。特定防衛施設周辺整備調整交付金を一部受けた図書館で，蔵書 3 万 8 千冊，開館当初は職員 3 人，臨時職員約 10 人で運営していました。

　図書館から遠隔地の住民に対するサービスとして，当初は自動車図書館の運行計画もありました。しかし，各公民館の施設が老朽化し，地元住民の要望により段階的に建替えが行われ，それを契機に町内 3 施設において 1 万冊程度の公民館図書室が整備され，電算システムが導入されていきました。

　町民一人当たり貸出冊数という評価で見ると，開館した 1993（平成 5）年は 5.4 冊で，2000（平成 12）年には 9 冊を記録しました。

　しかし，2003（平成 15）年 7 月 26 日，宮城県北部連続地震が発生しました。この地震は直下型で震度 6 強，死者はありませんでしたが，液状化現象により下水管の隆起や地盤沈下が起こり，道路や施設に大きな被害が発生したことに伴う財政事情により，図書購入予算が減りました（「宮城県北部連続

地震から学んだこと・ボランティアや図書館員同士の協力による復旧について」『図書館界』vol. 57, 2005. 6 参照)。また,「平成の大合併」に伴い市域が拡大し,母数の人口が増加したことなどの影響により,一人当たり貸出冊数は減少しました。

(2) 旧矢本町立図書館での取り組み
① 周知活動

　開館から 5 年目の 1998（平成 10）年，町役場で企画部署の経験を持つ 2 代目の館長（2 年間勤務）が着任し，図書館事業への取り組み方に変化が起きました。館長からは，行政の立場で考えると図書館活動は，行政サービスとしての効果が非常に見えやすく評価を得やすい，一人当たり貸出冊数で効果を示すだけでなく，さまざまな視点からサービス展開を行い，広く市民に知らせるべきだ，と提案がありました。これを受けて，資料の魅力や図書館の取り組みについての広報記事を，地元新聞に 2～3 日に 1 回のペースで載せてもらい，周知活動をしました。

　なぜ，周知活動がこれほどまでにできたかというと，次の好条件がありました。

　一つには，石巻地方には地元新聞社が当時 4 社ほどあり，民間のコミュニティ紙発行が盛んなことがありました。地方でこれほど多くあるのは珍しいそうで，マスコミ関係の研究者から新聞社に問い合わせがたびたびあると聞きました。

　もう一つの好条件として，県内はもとより矢本町でも，教育委員会では生涯学習における個人学習について，有効な手段が見出せず模索中でした。集団学習だけでなく，個人が気軽にできる学習環境や具体的な手法はいかなるものかが検討

されていました。実際に社会教育課長補佐が図書館に来館したとき，利用風景を見て「生涯学習を考えた場合，図書館しか見当たらない」と，改めて実感したと話していました。

　宮城県内の図書館界では残念なことですが，『図書館年鑑』（日本図書館協会）によると，「平成の大合併」前には，宮城県の市町村立図書館設置率が全国で最も低く，住民の身近に図書館がないことから，改めて図書館の機能や役割について認知度の向上を図ることが必要とされていました。その結果，地元新聞社もこの地域における図書館の必要性を認識し，話題性があると判断されて周知活動が実現できたのです。

　一方で，図書館活動が公民館活動と混同され，両者の違いについて理解を得られないこともありました。しかし，窓口で新規登録者から「図書館があるからこの町に家を構えた」と嬉しい言葉をいただいたり，友人宅の茶の間にさりげなく図書館から借り受けた資料があったりと，読書が根づいてきた時期だったので，そうした批判的な声は消えていきました。

②　具体的な取り組み

　図書館では下記のテーマで展示を行いました。いずれも必ず図書を同時に展示しました（カッコ内は連携先と事業内容）。
・選挙啓発（選挙管理委員会，ポスター等を掲示）
・ゴミとリサイクル（環境衛生課，ごみ分別の具体例を展示）
・米の消費拡大（農林水産課，公募で集まった子どもたちの絵を展示）
・自殺予防（保健相談センター，パンフレットやポスターを掲示）
・民間第一号登録品種の地元産コメ「かぐや姫」（品種登録者・

農林水産課，現物の展示・「米のソムリエ講座」を実施）
・仙台箪笥作り（地元家具業者，製品展示・営業時間外に工場を開放してもらい，参加者を募り箪笥製作体験）

　このほか，管理栄養士による子ども向け理科実験と食育を兼ねた食品の着色料についての講演会，文化財担当の学芸員による地元遺跡の学習会を実施しました。給食センター，商工観光課，公民館などとも連携して，担当課は意識啓発をこめて，図書館は図書資料活用の意味も含めて行ってきました。

　市役所の業務は福祉や税，転校や転入，住民票や戸籍などの相談や手続きと多岐にわたりますが，住民からしたら目的がなければ行かない，あるいは必要に迫られて行く場所です。

防災ブックバッグ講座募集（2008.4）

　一方で，図書館に来る目的は新聞を見たい，暇だから本でも読もうか，宿題でこれを調べたい，この病気にはこの薬で大丈夫か，行政区の会則を定めたいが参考資料はないか，野球監督をしている人が，子どもたちにもっと上手に教える方法はないか，特に目的もなく何かないか，などです。このように，図書館は，さまざまな目的から一個人の知的好奇心ま

で多岐にわたる利用があり、年齢も無制限で0歳から利用が可能で、ある意味、公的施設の建物としては一番敷居が低く、来館理由を求めない施設です。

さらに東松島市では、多くの市職員が図書館を家族と一緒に利用しており、市民が一番集まる公共施設だと知っています。そして、図書館側は行政組織との連携を好んでおり、担当課側は関係図書の展示で不足を図書館に補ってもらえる、市役所で開催するよりも周知度を苦労なくアップできる、住民から好評である、行政組織が縦割りでなく連携しているイメージを持ってもらえる、アンケートの回収率も高く集める苦労がないなど、図書館の特徴を活かした企画のメリットをよく理解しています。

東日本大震災後にも、被災地支援者の横断幕の展示、デンマークが国をあげて支援してくれたことへのお礼と市民への告知、支援国を知る図書コーナー、集団移転地の模型住宅の展示、住宅パンフレットの参考図書コーナーへの設置など、市役所関係部署からの持ち込み企画を図書館で実施しました。

デンマークからの支援お知らせコーナー

③ 「図書館まつり」と「青空リサイクル・ブックフェアー」

1993（平成5）年秋から，読書推進をねらいとして，年に1回の「図書館まつり」を開始しました。その中で，不用になった本を図書館に持ち寄ってもらう「青空リサイクル・ブックフェアー」（以下「青空リサイクル」）を実施したり，科学遊びやおはなし会など読書に関する催し物を，東日本大震災直後も休むことなく開催しています。

「青空リサイクル」は，図書の有効活用とさらなる読書意欲の触発を目的に行うもので，集まった本を無償配本します。例年，当日は開始の1時間以上前から500人以上が並ぶほど好評で，「読書の秋」にひと役かっています。

実施の背景として，市民や利用者には，本を捨てるのは忍びがたいという思いが根強く，図書を寄贈したいという供給ニーズがあります。また，図書館側では，この資料は不用だけれど，この資料は欲しいという玉石混交で集まってくる寄贈資料に対する悩みがありました。寄贈される本の冊数が圧倒的に多くて，図書館側も消化不良を起こし，時として寄贈者から「使ってくれないのか」などとクレームが出ることもありました。

この解決策として，寄贈図書をなるべく受け入れ，無料で欲しい本は制限なしに持って行ってもらうという単純ルールを考え，実施に移しました。寄贈希望者は，図書館に本を持ち込み，寄贈後の処理は以下のいずれかで図書館に一任することを了解してもらいます。

1)「青空リサイクル」に出す。
2) 図書館資料とする。
3) 資源としてリサイクルセンターに搬入する。

追加ルールとして，自宅訪問回収はしないこととしました。この方法で寄贈図書を毎年5千冊程度受け入れました。その内訳は，5割強が百科事典，児童文学全集，古典全集，美術全集，出版当時ブームとなったベストセラー本など引き取り手が見つかりにくい本，3割強は「青空リサイクル」で喜ばれそうな本，残りは図書館資料として願ったりかなったりの地域資料や，くたびれた蔵書との差替え用となっています。なお，「青空リサイクル」は，図書館が廃棄・除籍した図書も含めて，合計9千冊程度の規模で実施しています。

　そして，その延長線として，10年以上前にJR仙石線矢本駅とタイアップして図書コーナーを待合室に設置しました。リサイクル本を活用し，自由に利用してもらい，期限のない貸出を特徴としています。図書館が都合のつくときに細々ながら配本し，駅が管理することで実現しました。旅や通勤のお供に利用され，細く長く支持を得ています。

④　地震対策

　図書館では，2003（平成15）年の宮城県北部連続地震（震度6強）の経験を活かし，対策をとってきました。4～5段目以上の書架には図書落下防止装置を設置し，書架の床固定を強化し，手動式集密閉架書庫の柱の構造やブレスの本数を改修して耐震性を強化しました。書庫に誰もいないときは，書架転倒防止のため移動防止ロックを外すルールを徹底し，電算システムのサーバーは転倒防止のアンカーで止め，クライアントパソコンは耐震ジェルで机に固定するなど，災害を意識した対応を行ってきました。そのおかげで，東日本大震災の際，被害を軽減することができました。

さらに，冷温水機や屋根などの改修を 2009（平成 21）年度に行っていたため，施設は難を逃れました。開架スペースにおいては，図書落下防止装置が作動し落下するタイミングが遅くなり，利用者が避難することができました。施設は経年劣化で壊れるから仕方がない，ということではなく，物を大切にする，施設をまめにメンテナンスすることが，減災へとつながることを，このとき痛感しました。

(3)　合併以降の取り組み

　矢本町と鳴瀬町が合併して東松島市となり，矢本町立図書館は東松島市図書館となりました。旧鳴瀬町には図書館がなかったことから，合併後の事業をすり合わせする中で，2 公民館図書室に分館的機能を持たせることが決定しました。具体的には図書館と公民館図書室の間を庁内 LAN で結ぶなど，サービス提供のための環境を整え，合併の条件としてサービス水準が高い方に合わせることとし，東松島市図書館は図書館 1 館と公民館図書室 5 室でスタートしました。

　読書環境において，サービス弱者をつくらないよう，旧鳴瀬町の 4 つの小学校には「巡回図書」として各クラス 100 冊，年 3 回，図書館資料の配本を開始しました。3 年後には，図書館から数百 m の 1 小学校を除き，市内全域の 9 小学校に拡充しました。

(4)　近年の取り組み

　矢本町立図書館時代から数えて 5 代目の図書館長（2011 年 3 月 31 日まで 2 年間勤務）は，企画部署の経験が長かったことから，実施計画の中で事務事業をどのように実現させるかに

ついて有益な指導を行いました。

① 長期総合計画へのアプローチ

これまで当初予算編成時期には，前年度を参考にして，例年と変わらない実施計画の範囲内で，事業の予算を組み立てて計上していました。一般財源以外の歳入での読書活動や図書館活動はできないだろう，民間団体などの助成事業や国や県の補助事業はあったとしても獲得は難しいだろう，と勝手に決め込んでいました。

行政の基本ですが，長期総合計画をもとに実施計画を立て，当初予算編成時期に必要に応じて調整したり，財政事情を見るなどして，次年度に備えていきます。さらに必要に応じて定例議会のタイミングで予算を補正調整し，事業を実施します。つまり，計画と予算はセットで，実施計画に示されていないことは無計画と見なされ，実施計画にないことを予算計上した場合，突発的な施設修繕，社会情勢や制度の変更などへの対応以外は思いつきと判断されてしまう場合があります。

また，いくら補助金などで歳入が見込めるとしても，この財政難の時代，計画的な行動が求められています。館長からは，実施計画と当初予算は行政内部・首長と順番に査定を受け，議会の承認を得て初めて執行可能となること，これらは4月から図書館をどう運営していくか，どうしていきたいかという1年を占う場面でもあり，大切な表現の場でもあるとよく言われました。

次のようなことも言われました。図書館が長期総合計画に記載される場面が来たら臆せず希望を出すこと，記載されればこんな素晴らしいことはないが，当面は実施計画で表現し

ていこう，だめでも当たり前，声だけは出していこう，企画調整課（現在は，震災により課名が復興政策課に変更）の担当者に聞き込みをして，該当する助成事業や補助事業があれば申請書や提案書を出してみよう，という指導がありました。

　そして，次年度事業での事業採択が未確定な場合は，1千円でも1万円でも，実施計画と当初予算に見込みでよいから計上すること，そして，事業が採択されたら，定例議会できちんと予算を補正計上すればよいことを教えられました。実施計画や当初予算で計上されている事業の予算増については，正当な理由があればマイナスイメージにはならず，プラスの評価となり，予算書上では1項目，1行だけという簡単な提示になるが，教育委員会，議会から図書館が何か始動したという評価が得られるのだと，たびたび言われました。

　例えば，館長からこんな指導を受けたことがありました。上司が予算ヒアリングや答弁，会議等の中で，間違った説明をした場合のフォローの方法についてです。そもそも上下関係だけでなく，相手方との今後の関係や仕事を進めていく上で言い方を失敗してしまうとしこりが残ります。本質的に，説明や答弁の信憑性を保ち，不信感を与えないことが必要です。その解決策として，前置きにはまず「訂正」ではなく「補足」と一言付け加えてから説明すること，これは館長が若いときに学んだことらしく，自分の経験も交えて話されました。そして今後，館長自身が，議会やその他のヒアリングなどで違ったことを言った場合は，「補足」と前置きをしてから話してほしいと念を押され，私たちの約束事とされたのは言うまでもありません。

② 実施計画，予算の計上

　実施計画や予算について話題を戻します。5代目図書館長の指導がある前は，実施計画の計上方法，予算との連動性の知識や職員としての職階・職域による経験が不足していました。それを補うため，予算がなくてもできること，やれること，組織や人とつながれる術を探すという方面ばかりに目が向いていました。

　西村彩枝子氏（以下「西村氏」，日本図書館協会事務局次長兼東日本大震災対策委員会委員長）と意見を交わしたとき，図書館の特質上，資料の質や量がある程度満たされると，後はスタッフのスキルと頑張りに図書館運営は大きく左右されること，時間とともに体力がつき，慣れと工夫が加わり，労働環境はともかくサービスの向上ができてしまうこと，これが長所でもあり短所でもあると教えてくれました。私も同感であり，自分の中でも非常に納得できたことを覚えています。

　例えば，それまでは小学校への巡回図書のケースを用立てるにしても，他課で使用しなくなった大量のコンテナボックスを譲り受けたり，市役所からトラックを借用して運搬したりと，今ある予算の範囲内で行うことを優先してきました。東松島市図書館の場合，実施計画は「図書館施設の管理運営事業」，「市民センター配本所事業」，「読書啓発事業」の3本構成で対応していますが，この手法では予算の数字には反映されず仕事量だけが増え，その結果，仕事がブラックボックス化していきました。さらには新年度の実施計画策定や当初予算編成でも，例年どおりになってしまっていました。

③　子ども読書活動推進計画策定への動き

　そのような中で，子ども読書活動推進計画策定の費用調達は，館長の指導を実践に活かせた出来事でした。

　それまで東松島市は，子ども読書活動推進計画を策定していませんでした。図書館としては計画がなくても，子どもにとどまらず，市民の誰にでも資料貸出で読書活動を支援し，施設が小さくても気軽に本が読める環境や，きっかけづくりを行ってきたという考えがあったからです。

　しかし，行政改革の担当者から将来を見据えて策定してはどうかと提案されたこともあり，2010（平成22）年度の実施計画に盛り込み当初予算で1万円ほど計上しました。同時に，平成22年度「地域ぐるみ子ども読書活動推進事業」（独立行政法人国立青少年教育振興機構委託事業）に応募しました。採択されれば，「東松島市子ども読書活動推進計画」を策定するための調査研究や課題の洗い出しが可能となります。不採択の場合は市単独事業として，図書館が中心になり，社会教育主事や保健師などの協力を仰ぎ，職員のワーキンググループで検討していくこととしました。結果は無事に採択され，歳入確保ができたので，6月定例議会で予算の歳入・歳出を補正して，計画策定に着手しました。計画策定においては，夢のある計画をつくり，実現していくことを目標に，まず子どもの読書を推進するための講演会を開催するとともに，自然科学の本を子どもに届ける講座も開催することとしました。

④　読書推進ポスターにこめた思い

　計画策定に加えて，読書推進のポスターを作成しました。これは「子どものポスターモデル」募集を行い，応募条件と

して子ども自らが好きな本を持ち寄ること，写真を自らお気に入りの場所で撮影してくることを条件としました。市内全域の子どもを対象にしたところ，80人近くから応募があり，それを1枚のポスターにまとめ，モデル（応募者）にはそれぞれポスター1枚を進呈しました。

読書推進ポスター

このポスター事業のねらいは，過度な競争や多読を進めることではなく，親子の関係を深めてくれた1冊，人生の糧になる1冊，本当に好きな1冊との出会いを推進することです。また，形のあるものは写真に写し出せますが，無形のものは写し出せません。読書の効果も同じだと思うのです。そこで，読書の行為や活動を自由参加の中で，無理強いすることなく，何とか表現する活動ができないかと考えました。

ポスターをもらったときの子どもたちの様子は印象的でし

た。自分と好きな本が写っていることへの喜びから，カウンターで何度もジャンプして，「（写真に写っている）同じ本を借りたい」を連発して喜ぶ子，恥ずかしそうにニヤリとする子，じーっと黙って見る子と，反応はさまざまでした。保護者の方からは「この本好きだよね」，「今日は何を借りていこうか」の声がいつもよりトーンが高かったり，「ババとジジに見せようね」と，本を読む楽しさや広がりを感じるシーンがいくつもありました。親から子へ，子から親へ読み聞かせが受け継がれ，情操や親子の絆が1冊から広がりました。

⑤　「読書都市宣言」

同じ頃，東松島市では合併5周年にちなんで「市民協働のまちづくりにおける都市宣言」を出すこととなり，市民の有識者などからなる検討部会が行われていました。同時に，職員・班内に提案が募集されたので，図書館では「読書都市宣言」を提案しました。部会での検討の結果，安全安心，自然，子育て，あいさつ，食卓，読書という6つのキーワードで，6項目の都市宣言が行われることとなり，2010（平成22）年秋，「だれもが本に親しむまち」として，以下の内容で宣言が出されました。

市民協働のまちづくりにおける都市宣言：だれもが本に親しむまち
生涯学習は，人生を豊かにする源です。「読書」は，日常生活に必要な「聴く・話す・読む・書く」といった能力を高めるだけでなく，将来を担う子どもたちにとって人生の可能性を広げるきっかけにもなります。先人の知恵と知識が

凝縮された「本」を個人・家庭・地域に広め，読書が習慣化されるまちづくりを目指します。

　2011（平成23）年度から「東松島市子ども読書活動推進計画」をスタートさせるため，市内全児童・生徒の読書調査（夏と冬に実施）や計画策定を進めました。2010（平成22）年の晩秋から冬にかけて，調査の集計や校正に四苦八苦はしたものの，作業は順調に進み，パンフレットが完成しました。そして，いよいよ3月，図書館には全戸配布用（約1万5千世帯）の計画パンフレットがうず高く積まれていました。

　また，電算システムの更新も平行して作業を進めており，契約事務処理や更新準備も完了していました。さらには施設建設から20年近く経過したこともあり，会議室の机や椅子，書架など備品の追加整備を，特定防衛施設周辺整備調整交付金にて進めており，契約事務が終わり納品を待つばかりとなっていました。

　合併5周年の都市宣言実現に向け準備万端。後は3月下旬に休館し，システム更新と設置作業，そして蔵書点検をこなせばミッション完了でした。新しいスタート，幸先のよい春を迎えようと，みんな一丸となって頑張っていました。

　しかし，不運なこと，想定外なこと，想像を絶すること，そして脳裏に焼きつけられ，決して忘れられない出来事が発生しました。

　2011（平成23）年3月11日14時46分，東日本大震災が発生したのです。

2章 東日本大震災発生
－その日から4月7日まで

2.1 東松島市の被災状況

　東松島市は，沿岸域に位置していることから，津波による未曾有の被害を受けました。

　東松島市に押し寄せた津波の第1波は，大曲浜では5.77m，野蒜海岸では10.35mの浸水高を記録，住宅地の65％が浸水し，津波による浸水率は被災自治体の中で最も高いものとなりました。

　家屋の被害は市全体の3分の1にのぼり，避難所が100か所以上開設され，震災後のピーク時，全人口約4万3千人のうち，1万5千人以上が避難所に避難しました。その一方で，自宅が津波等で被災し，屋根裏や2階に避難しながら自宅再建に奮闘する市民も多数いました。最後の避難所が閉鎖されたのは，震災から5か月以上が経過した8月31日でした。

　市民にとって一言では言い尽くせない想い，やるせなさ，切なさ，無念さがあったことは言うまでもありません。

　死者は1,100人を超え，うち中学生以下の子ども33人が犠牲となり，震災遺児は70人，震災孤児は6人となりました。2015（平成27）年12月末現在でも，さまざまな機関による必死の捜索にもかかわらず，行方不明者が24人となっています。

2.2 経験した地震と津波(3月11日)

(1) 地震直後

14時46分　地震発生。

急に大きなゆれが襲う。図書館は鉄筋コンクリートの建物にもかかわらず，壁は振り子のようにゆれ，床は海のように波打つ。蛍光灯は点灯を数度繰り返した後，一斉に静かに消える。自動ドアも止まる。このとき「宮城県沖地震が来た」，頭の中からふいに単語が浮かび，それ以上は何も考えられなくなる。ゆれている中，「書架から本が落下しますので，本棚から離れてください。揺れている間に走って逃げるのは非常に危険です」と声を張り上げるスタッフ。一方で，恐怖とゆれの激しさに，腰が抜け，床に座り込み，なすすべがない人。これからどうなるのだろうと頭の中が動揺で満たされた瞬間，ゆれが止まった。

ゆれが止まった館内は，曇り空のためか薄暗く，天井のモルタルの粉が降り注ぎ，視界を一層霞ませた。事務所から，火災報知機の異常を示す音が聞こえてくる。夢ではない。映画でもない。紛れもない事実。

そして，みんなの思考回路を呼び戻す行動をとったのは図書館長。一目散に走る。停電のため動かなくなった自動ドアを力任せに開ける。平日の金曜日でもあり，幸い利用者が少なかった。自動ドアが開いた音を聞いたとばかりに，数人の利用者が，落下した図書を遠慮がちに踏みながら，走って外に避難する。不幸中の幸いとは本当にこのことで，怪我人などはなく安堵する。

その後，警報音を発していた火災報知機や機械警備を止め

た。無停電装置が作動し，図書館システム・サーバーをシャットダウン。被害箇所を記録するための写真撮影をドタバタとしていると，視察で来ていた女川町教育委員会の図書館関係者が会議室から出てきた。怪我がないことを確認し，早々にあいさつを交わし，別れを告げた。

　この頃には，臨時休館の貼り紙と施錠ができる状況となり，図書館長は被害状況の報告，市役所等からの情報収集とその後の行動確認のために生涯学習課へ行き，嘱託・臨時職員には，道路などの陥没に気をつけて帰宅するよう申し合わせて解散。私ともう一人の職員は，足場を確保するため，書類などの散乱物を少し片づけ待機した。

　ほどなく，当時，図書館所管課の生涯学習課の事務所があった図書館の隣りのコミュニティセンター内に図書館員も詰めることとなり，災害対策本部の指示にいつでも応えられるよう待機の指示が出された。この施設は当時，市が指定する避難所ではなく，市役所が機能を果たさなくなったときの施設として位置づけられていた。しかし，付近の住民をはじめ，沿岸地の市民が多数詰めかけてきた。3月とは言え，まだ寒くもあり，一時避難場所として開放することとした。ただし，約400人が収容できるホールは天井の一部が落下し，余震によるさらなる落下が危惧されたことから閉鎖した。

(2) 津波の到達

　停電・断水と情報不足，不安の中で1時間，2時間と経過していった。テレビ機能がついた携帯電話を持つ職員が，何気なく情報を確認すると，仙台空港で飛行機や車が流され，みるみる水位が増して，川のように流れていく映像が中継され

ていた。その職員は津波がきている映像を十分理解できず，バッテリー残量を気にして電源を切ってしまった。

　私はふと思いつき，周辺の情報を収集したいので，無理のない範囲で確認してきてよいか申し出た。許可がおりたので，私物のカメラを持ち，自転車で数分走った。すると，踏切を越えた瞬間に何やら水がある。水道管が破裂したのかと思って見ると，養殖用の浮き輪や木材の破片，タイヤが浮かんでいた。

津波の到達（海岸より 3km 地点）

　どこからともなく「津波が来た」という声が耳に入った。図書館から海までは少なくても 3km 以上は離れているはずだと内心考えるが，図書館から 500m も行かないところでこんなことがあるものかと唖然とした。

　立ちすくんでいる自分の束脇の用水路からは，水が逆噴射しているのが目に入った。田植えにはまだ早いのに，水が生き物のように競って入ったり出たりしている。私の自宅はこ

20

こからさらに数百m先，実家はさらに1km弱先。不意に家族の安否，特に足の骨折で松葉杖の息子のことが気になりだした。そうこうしないうちに，水が静かに渦を巻き増える。これはまずいと思い引き返し，津波が線路まで来ていることを報告。幸い避難所には水が到達せず，その後，時間だけが過ぎていった。

(3) その日の夜と次の朝

まんじりともしない夜。次第に寒くなり，コミュニティセンターには暖房もないことから，図書館に1台だけあった石油ストーブをロビーに置くことにする。避難者はさらに増え，ストーブに身を寄せ合う市民がいる。足は裸足で汚れ，体が濡れているようにも見える人もいる。どうすることもできない。外は雪がちらついていることに気づく。

夜の10時過ぎ，市役所に行ってみた。ちょうど教育委員会の施設班が内陸を走って，沿岸地の学校に行けるかどうか確認をしてみようと出発する直前だった。同行させてほしいと申し出たところ，快諾された。星が満天に輝く中，海岸から5km以上離れるように内陸を走る。街灯もなく，車は走っていない。内陸から目的地の海岸にある施設に向かおうとする。しかし，海岸から数km圏内に入ると，途端に泥水や流木，壊れた家屋，車など瓦礫が行く手を阻む。これは無理と判断し，やむなく引き返す。

仕方なく，コミュニティセンターの事務所に戻り，椅子に座る。深夜2時過ぎ。寒さに耐えきれず外に出る。雪がうっすらと積もっていた。時間がどうにか進む。夜明けが待ち遠しい。

朝5時。不思議と寒さを感じない。その1時間後，再び許可をもらい，まちの状況を確認するために，自転車で行ってみる。田んぼには水が一面に張られ，朝日が映し出され，奇麗でもあり暖かさも感じた瞬間。思わずシャッターを押す。昨日まで来ていた津波は引いていたので，自転車で走り記録用にとシャッターを押す。

(4) 家族も被災している

　自宅周辺にも行ってみることにした。自宅は一部が泥による床上浸水程度で被害を免れていた。実家は窓ガラスが半分程度まで水に浸かった跡があり，この先は考えないことにし，声もかけず何もせずその場を去った。というのも，この先，決心と言っては大げさになるが，公務を優先しなければならないという気持ちが鈍ることがこわかった。いたずらに両親に会って後片づけなどしても，おそらく中途半端な作業しかできず，「互いに期待からの不満が生まれる」と，あのときは，冷酷な自分がいて，頭の中にそのことだけが浮かんできた。

　実際，3日後に避難所の懐中電灯の電池を買出しに行く途中，実家の近くを通ったとき，両親はマスクをし，津波の後始末で泥まみれとなって，畳を出したり，家の中の泥かきをしたりと，涙を滲ませながら作業をしていた。母親は「公僕なのだからこんな所に来るな」と私に言った。本当は，猫の手も借りたいはずなのにと思いつつも，親の自立を信じた。しかし，何とかできないものか，避難所で対応する中，ひと息つくたびに頭の中であれこれ考えをめぐらす。

　ふと，幼なじみの同級生が頭の中に浮かぶ。県内の内陸部にいるので津波の被害はない。実家の場所も知っている。藁

にもすがる思いで，その夜，うろうろと歩いて携帯電話の電波が入るところを探す。そして，現在の親の被災状況，水や食べ物を恵んでほしいこと，助けてほしいことを何とかメール送信した。すると電話が欲しいと返信メールがくる。しかし，電波が弱く，電話をかけても話し中になり通話は難しい，携帯電話が電波を探すためにバッテリーの持ちが非常に悪い。もし水があるのならば何とか届けてほしいと再度メールし，やりとりに成功。その後，幼なじみの両親が，水や食料を届けてくれて，私の両親は震災直後をしのぐことができた。

　半年後に，茶飲み話で知ったことだが，あの日，父親は以前，近所付き合いをしていた一人暮らしの高齢者が，地震による落下物で怪我をしていたところを発見し，その方を病院に搬送した。それから後に父親自身が津波に遭遇し，帰宅後に低体温症になり，飼い犬に体を暖めてもらい，急死に一生を得た。それを聞いたときは，さすがに震災翌日の自分の冷酷な考えに対して，後悔の念が生まれ悔んだ。

　多くの犠牲者がある中，私たち家族は，不幸中の幸いにもみんな無事でした。妻は一時，行方が確認できませんでしたが，隣町の避難所で難を逃れ，数日後に帰宅しました。息子も無事に避難しており，自分が仕事で家に帰れずに震災の片づけができないくらいは，なんてことないと思うと，気も楽になりました。一方で，被災された人たちに申し訳ないという気持ちでいっぱいになりました。

　なお，震災直後からの市民が求めた情報や心情などについては，個人的に見たこと（参考1）を参照してください。

2.3 避難所での活動(コミュニティセンター　3月17日まで)

(1) 避難者の把握の難しさ

3月12日。

この頃から個人的に，前日の出来事を思い出したり，見聞きしたりしたこと，避難所担当の出来事を簡単なメモで記録するようにしました。

震災翌日以降，本格的に避難者の対応に追われるようになります。照明，飲料水や暖房の確保，衛生面の取り組みなどですが，前述のように図書館に隣接するコミュニティセンターは市の指定避難所ではなかったことから，避難者をどう把握するかが問題でした。

電話は不通で，携帯電話は電波を探すために異様にバッテリーが消耗する状況でした。そこで，連絡手段として，紙とマジックペンを置き，市民自身に入口に貼ってもらうことにしました。すぐに入口は貼り紙でいっぱいになりました。家族の避難先を示したものや元気でいることなど安否が記されていました。

また，避難者の名簿作成の対応にも迫られました。名簿は，今後の配給の調整や，特に親族や近所の人による安否確認への対応で必要となります。そこで，訪れる捜索者，避難者の受入対応のため，入口に避難者受付所が設置されました。

受付は24時間対応が求められ，震災から10日間くらいは，深夜2時を過ぎても家族の安否確認で避難所を転々とする人々が後を絶ちませんでした。中には，名簿だけでは納得できない親族の捜索者が，安否確認のため，泥の付いた靴で館内を歩き回ったり，同じ人が日を置いて何度も確認に来るな

ど，常に慌ただしい状況となりました。

(2) 津波肺

　こうした往来によって，風邪を引いていないのに咳き込むことが多くなり，常にマスクが手放せなくなりました。これは，津波により揮発したガソリンや灯油，食品や生活用品などなどさまざまなものが乾燥して粉塵となり，空気中に入り交じるためと言われました。週刊誌でも「津波肺」というものが紹介されていて，抗生物質が効かず重症化する傾向にあることを知り，大きな課題を感じずにはいられませんでした。

　この状態を少しでも改善するため，土足禁止の表示をしてみました。しかし，土足厳禁で泥靴を脱ぐように説明をしても，安否確認で緊迫していたり，着の身着のままのためか抵抗感があったり，周囲への配慮ができなくなってもいた人もいて，なかなか聞き入れてもらえず，言い合いになることがたびたびありました。

(3) 被災者の救助活動

　一方，陸上自衛隊による津波の被災者救助が本格化していました。避難者がトラックで運ばれ，避難所は次第に人で埋め尽くされていきました。津波で被災し毛布1枚だけの人，裸足の人，下着だけの人，中には骨折している人等が運ばれてきました。高齢の方は，一畳に2人ほどの間隔で横になり，次第に野戦病院のような状況と化しました。さらには階段まで人で埋め尽くされ，横になる場所もなく，どうすることもできない状況となっていきました。それでも避難者を受け入れてほしいと自衛隊員から要請され，入りきれないと話すの

ですが，受け入れ先はここしかない，どこで救出者を受け入れてもらえるのか，と押し問答をせずにはいられない状況でした。

　その頃，市の災害本部と交信するための無線が，コミュニティセンター事務所に設置されました。津波などによる被災者に対して，一刻も早く救助するやりとりが，避難所対応の傍ら聞こえてきました。未だに耳に残っているのは，津波により車ごと被災した親子を，トラック運転手の男性が何とか水から逃れて車内で保護しているとのこと，市役所内で救助に行ける者がいないかどうか，手当たり次第に応援要請されているやりとりです。

　避難所開設当初は，仕事で出張中，あるいは観光でたまたま被災し，徒歩で交通機関が復旧している場所まで行きたいので一晩泊めてほしいというような，一時休息者も受け入れていました。

　このように，コミュニティセンターは多種多様な避難者を受け入れることになったため，避難所となった初期は，地域住民同士の組織が存在せず，ほかの避難所とは違った様相を見せていました。そのため，職員はストーブの灯油補給，トイレのための雨水タンクからの水の汲み出し，数時間ごとのトイレ清掃などに追われることになりました。

　食料や水がないこと，避難者同士が見ず知らずの人ばかりであることなど，精神的にも不安が助長され，体調不良を訴える人が多くなりました。夜にその傾向が強く見られ，脱水症状と持病の高血圧で具合を悪くする人や，生活習慣病の悪化を訴える人もいました。中には，高齢の夫婦から夫が末期ガンで背中が痛いとの申し出がありました。しかし，どうす

ることもできず，こちらは情けなくもあり，ただ聞いて受け止めることしかできませんでした。今でも「水が欲しい，いつ入るの」という声が記憶にあります。

また，体調不良の避難者をおぶって数百m離れた保健相談センターに送り届けたり，寝たきりの方の搬送の際には複数の職員で対応することが難しいため，キャスター付きの会議用机を担架代わりにするなど，あたふたと作業に明け暮れたものでした。

(4) 食料の供給開始，電気の復旧

震災から3日後。

数時間の睡眠でも気が張っているので，元気。

バナナとパンが食料として届く。

絶対量が足りず，話し合っても結論に至らず，パンかバナナかの選択で何とかなるのではと判断し，避難者に並んでもらいました。

はじめは順調でしたが，次第に足りないのではないかと，バナナを半分にカットすることにしました。下を向いて懸命に作業をしていたのですが，気づいてあたりを見回すと，人は増えていて，さらに半分にカット。結果，60人ほどには配れず謝罪しました。そして状況は悪いことに，4日目の配給はなし，満足に食料を口にできない状態でした。

しかし，一つの転機がありました。震災から5日後，はじめて市から炊き出しがあったのです。避難者の顔からは安堵と笑みがもれました。職員はトイレ清掃などで不衛生となっていたこともあり，炊き出しの配膳は避難者の人たちに任せることにしました。

事務所に戻り，ひと息ついて30分くらいが経過した頃，避難者の方が「職員の皆さんにも」と，炊き出しの食料を均等に分けてくれたのです。一食をみんなで分けるという助け合いの芽生え，胸がいっぱいになるのを覚えました。後に市民から，市役所の職員が市民のためにこんなに働いてくれると評価してくれたことを，人伝えで知ることができました。

　その2日後にまた1食，さらには1日1食が8日間続き，量は少なくても食べ物の供給は安定していきました。

　電気は震災から6日目に復旧しました。津波の被害がなかったこと，電気の復旧ポイントの立地などのよい条件が重なったために早期復旧がかないました。夕方，館内に電気がついたときは，歓声と拍手が起きました。家族や親類，友人・知人が行方不明であったり，亡くなったり，住まいがなくなったりして，多くの市民が明日も見えず失意の底にいる中での一つの明るい出来事でした。

2.4 避難所での活動（宮戸島・小学校避難所，3月17日〜22日）

（1） 初日は出航できず

　3月17日。

　教育委員会から呼び出しがあり，行く途中，市役所内ですれ違ったある課長に図書館再開はしばらく難しいかもしれないと言われました。その課長は連日の業務で疲れて，ネガティブになっているだけだと思い，「そうですよね」と一言だけ答え，教育委員会へ向かいました。

　呼び出しの理由は，「翌日から津波により橋が流失して孤

島状態となっている宮戸島の避難所に行ってほしい」でした。避難所担当の職員が体調を崩したそうで，交通手段は途中まで車で行き，後は船とのことでした。

　それまでの3日間は雪まじりの天候で寒かったのですが，18日は晴天となりました。しかし，雪や雨の翌日はほとんど，この地域では強い風が吹きます。だめで元々と，まずは午前中，車で40分離れたJR仙石線大塚駅そばの臨時の船着き場になっている牡蠣むき場へ向かいました。震災以降，空振り，無駄，誤情報だったとしても，現場確認が重視されていたので，まずは行くことにしたのです。しかし，強風のため出航可能か否か判断のため待機となり，1時間後には欠航が決まり，ほどなく避難所に戻ることになりました。

　その帰り道は島に行けなかったという理由でただ戻るのではなく，被災状況の確認も兼ねて，写真を撮りました。見渡す限り泥と砂をかぶり，車や家財がゴロゴロし，とりあえず道路だけは確保されている状況でした。被災した多くの車は，給油口だけが妙に開けられっぱなしなのが目に付きます。

　コンビニやスーパーマーケットには行列ができ，この頃は自転車の車輪の上に座って待つ人の姿が目立ちます。自転車は貴重品で，初期の頃はサドルを持つ人の行列でした。その理由は，後に避難者から盗難防止対策と聞き，なるほどと感心しました。

(2)　新聞配達から物流を思う

　3月19日。

　避難所の朝は早い。というより，Pタイルの床に直接寝るか，椅子に座ったまま寝るかの二者択一で，結局，床に直接

寝る方を選択した。しかし，長時間はきつく寝ては覚めての繰り返し。さらには，至るところの関節が痛い。起きがけは体の節々がこわばっている。何日経ってもこの体勢で寝ることには慣れない。関節を回し，窓を開けて外を見る。天気は良好で宮戸島に出発できそう。

　トラックの新聞配達人にあいさつをし，運搬を手伝う。地元紙の河北新報は震災以降，避難所や人が集まる場所に無料設置されていた。会話の足しに，配送の感謝などを述べる。自分の中ではてっきり販売店の計らいだと思い込み，話をするとどうも違う。考えてみれば見覚えのない人たちで，新聞は本社から直送されているとのこと。「あれっ」と，このとき不安に思う。聞くと，地元販売店は津波で被災し，物流はストップしているという。

　頭の中で「中央紙は発行されていないのか。そんなはずはない。まあ，図書館用はこれまでの年末年始のように販売店が確保しているから，そこから入手できればよい」と考えた。そう勘違いしたのは，市の災害対策本部には，中央紙が届いており，壁にはスクラップが貼られていたのを見たからだった。新聞はすべて確保されているはずで，図書館資料用の収集に問題はないはずだと勝手に決めつけてしまっていた。今は震災への対応で，時期尚早だが，後で販売店や新聞社に掛け合えば何とでもなるだろうと思っていた。

　しかし，この考えは大きな間違いだった。相当の日が経過しても，新聞販売店は復旧と日々の新聞配達だけで多忙を極めていた。それからは，あわてて市の災害対策本部の雑紙置き場から回収したり，避難所を歩いたときにもらい受けたりと，暫定的な対応を始めた。

日本図書館協会（以下「協会」）の西村氏や群馬県草津町立図書館の中沢孝之氏に，新聞の収集，今後の支援図書の受入と装備についての相談をしました（4.1参照）。その結果，東京都調布市や群馬県内の市町立図書館などから，保存年限が切れた順に新聞を移管してもらうことができました。

　予想外だったのは，未購入の東京新聞や夕刊が舞い込んできたことです。また，これは教訓にもなりますが，結局，中央紙の地方版（具体的には宮城県内版）の収集ができませんでした。

　新聞の整理やデータ入力方法については，10.9で詳しく書きますが，こうして収集した新聞は震災資料として長期保存にしています。資料の特徴は「調布市立図書館」など元の所蔵館のゴム印が押してあること，図書館にしかできない資料収集，そして何より善意の固まりで収集できた資料はできる限り永年保存するというポリシーです。

(3)　宮戸島の避難所へ

　宮戸島の避難所に向かう話に戻ります。

　再び臨時船着き場に到着。海は穏やかだが，津波で流された家や車，プロパンガスのボンベ，自動販売機，冷蔵庫，生活用品等が大量に海面に浮かんでいる。遠くには蔵王連峰が雪化粧していて，震災を忘れさせる。さらに風は心地よく，風向きにより少し飛沫が顔につくが，日差しは暖かい。

　一艘に20人ほど乗せて，二艘平行で順調に走る。船底を瓦礫にぶつけないよう，船先には見張りをつけ，時にはゆっくり走る。漂流する家の屋根に犬がつながれ，こちらに向かって吠える。船頭が「近づきたいが，瓦礫があって危険。乗

船者を危険な目にあわせられない」と残念そうに言う。

　乗船すること40分ほどで，島の船着き場に無事到着する。避難所の宮戸小学校までゆっくり歩いて1時間弱。宮戸小学校は高さ数十mの山にあり，津波の被害を免れ，校庭には石灰で書かれたヘリポート印があり，軽トラック数台が並べられ，なぜか紅白幕がまわされていた。

　不思議に思いながらも，校舎の屋上にあがらせてもらい，まずは荷物として預けられた衛星無線電話の電波状況をチェックした。見るのも触るのもはじめてだ。言われたとおりに電源を入れる。電波状況，電波の向きを確認した。感度良好。

　ふと，校舎の屋上から震災の様子を改めて眺める。海のにおいと春の日差し，風が身にしみる。水不足のため顔を洗ったり洗髪したり髭を剃ったりしていない不精髭で，柄にもなく感傷的になる。目を閉じる。心はせんべい布団，布団の気持ちになり干されてみる。少し気分転換。そして，この震災は幻，目を開けば夢……しかし，残念。やっぱり現実だった。こんなことを妄想しても何も変わらない。浜にある民家は軒並み押し流され，住民が道だけは通れるよう家屋を撤去してある。気が遠くなりそうな被害。負けていられないと，早々に考えるのをやめて，階段をおりて校庭に戻る。

(4)　宮戸小学校の卒業を祝う会

　教育委員会が卒業式を挙行できないため，全校児童数十人と住民が，みんなで卒業を祝う会を行うことになった。卒業式間近ということもあり，幸い校長先生は背広を持っていたようで，一人だけスタイルが決まっている。他の先生，児童，住民は普段着。先生が鍵盤ハーモニカを吹くと，校庭に響き

渡る。青空の下，住民が大きな声で校歌を歌う。はじめて聞く校歌，音楽を聴くのは何日ぶりだろうと，ふと思う。歌い終えると，住民から「(校歌を)覚えているもんだっちゃねえ」と笑いが出る。それから，卒業証書が一人一人に手渡され，お祝いの言葉が校長先生から述べられ，住民みんなが手でアーチをつくり，卒業生を通して祝う。そして，最後に写真を撮り終了した。

　ないものだらけの式典。財産すべてが一瞬で瓦礫となり，大切な人を亡くし，多くの市民が一人一人背負っている辛さは違う。しかし，この場，この瞬間，ここに集う人たちを見ていると，こちらが思わず魅せられてしまった。ある住民から「この子たちはみんなから卒業を祝ってもらい幸せ者だ。震災がなかったら，たくさんの人に祝ってもらえなかった。俺も，震災がなければ卒業式を見ることがなかった。いいものを見せてもらった」と同意を求められた。そのポジティブな考え，元気に前を向こうとばかりに気合いが入り，胸に込上げるものを押さえきれず，思わず涙が出る。私も「そうですね」と言い，うなずくことしかできなかった。

(5) 避難所での業務

　卒業を祝う会が終わり，さっそく宮戸地区の災害本部に行き，ピンチヒッターとして対応すること，これから4日間お世話になることを申し出て，簡単な仕事の引き継ぎを受ける。

　避難者は約670人。常に埃っぽく，マスクは寝ても覚めても欠かせない環境。電波状況があまりよろしくない無線を使い，ヘリコプターによる医療行為や物資の調整，病人発生時の搬送の手配が仕事である。しかも，無線対応は交代で24

時間対応とのことで，疲労を隠せなかった。それでも，笑顔で返事する。

　パイプ椅子に座って過ごす夜は，なぜか膝が痛くて我慢ができず，立ったり座ったりと試練が続いた。しかし，無線を扱ったこともない私でも役立ったことがあった。日中，消防団員が行方不明者の捜索や瓦礫撤去作業中に足を釘で刺し抜いたとヘリコプターを要請したり，物資の依頼や数量調整など，見よう見まねでやればなんとかできていた。

(6)　絵本の力

　宮戸島に向かうとき，自宅から息子が小さかった頃に使った絵本をバッグに突っ込んでおいたので，時間を見て体育館の舞台上に「ご自由にどうぞ」と手書きの貼り紙をして置いてみた。すると，小さな子が発見して，ちょろちょろと寄ってきてめくってみたり，中学年の子は読んだりしていた。しめしめと内心喜んだ。そして中には，「○△□（息子の名前）だってー！」と大きな声も。絵本に名前が書かれていたのである。

　本当は読み聞かせをしたかったのだが，本部からの無線のやりとりで持ち場を離れるわけにいかずもどかしい。でも，住民の女子大生が，誰に頼まれるでもなく子どもたちに読み聞かせをはじめてくれた。大きな子も黙って聞いている。内心喜びに満ちる。

　一方，無線のやりとりがないときはまったくすることもなく，頬に膝をつき，ぽーっと見回す。中学生や高齢者を中心に大人は不思議と無心になって新聞を見ている。古い新聞でも，週刊誌感覚で読まれボロボロになっていた。

宮戸島の避難所での大学生による読み聞かせ（2011.3.19）

　無事にピンチヒッターを終えて帰るとき，住民の方から，「せっかくだから，ここにもう少しいたら」と声をかけられた。その一言で意味もなくお互い笑う。沈黙。お辞儀する。

　しかし，このとき，2日後に再び，ピンチヒッターで来ることになるとは夢にも思わなかった。

2.5 震災ホームページ作成・写真で記録（3月22日まで）

（1）　お風呂のありがたさ

　3月22日。宮戸島から無事戻ったことを災害対策本部に報告すると，「今日は，帰宅してゆっくり休んでほしい」と言われました。しかし，電気と電話が復旧したこともあり，すぐ帰らずに図書館に寄って，いつでも図書館が再開できるように，地震により落下・散乱した資料や備品類の片づけの段取りをし，出勤可能な臨時職員の手配，支援の検討依頼メールなどを出してから帰宅しました。

帰る家を失った人たちへの後ろめたさを感じつつ，震災後初めての帰宅をしようとしていると，津波の被害を免れた妻の実家でライフラインが復旧したとのことで，入浴のお誘いの声がかかりました。まだまだ風呂に入ることもできない人がたくさんいる中，申し訳ないと思いつつも，お風呂の誘惑には勝てず，その夜は急行しました。
　お湯に浸かった瞬間，深い溜め息，疲れが抜けていく感じ，幸せがみなぎった瞬間でした。石けんやシャンプーが泡立たず，「あれっ」と一人笑う。そしてまた，湯船に浸かる。幸せを実感しました。
　その後，自転車で帰宅しました。自宅は，電気は復旧していましたが水は出ません。風呂は津波のため，ボイラーが壊れていました。畳の上に座ると，少し湿っぽさを感じますが，改めて畳はこんなに座り心地がよかったかなと，幸せを確かめます。
　皿にサランラップをかけた上にご飯，なるほど節水かと思いながら食べました。そして，ひと息ついてのんびりして歯を磨き，横になります。夜，起こされる心配もない，布団で眠れるという楽しみ，温かさを満喫しながら目をつぶりました。

(2) ホームページ作成へ
　翌日，午前中は図書館で後片づけ，その後の段取りをすることができました。午後，避難所での作業の合い間を見て，春に電算システムを入れ替える予定だった大曲市民センター配本所に状況を確認するため，電算システムメーカーの担当者と向かいました。行く途中，国道以外は道路状況があまり

よくなく，信号はまだ復旧していません。

センターに到着すると，屋外の時計は柱が曲がり，津波で流されてきた車が数台，自転車置き場に引っかかり，不自然に転がっています。センターから海岸までは1km以上あるはずなのに，玄関には津波が来たらしい痕跡がありました。浸水は1.8mくらいで，磯のにおいが染み付いていました。

瓦礫や泥で玄関から入るのは困難ですが，図書室は外から出入りできる引き戸があるので，そこから入りました。図書はすべて塩水と泥で使用不可能，時間が経過すればブックトラックや文書棚には赤錆びが出るだろうと，あれこれの考えが浮かびます。まず記録として写真撮影しました。

大曲市民センター配本所の被災状況

そして，沿岸地にある大曲浜地区に行こうと車を進めましたが，道路が満潮で水没しはじめ，無理は禁物と，あわてて水たまりのような道路を切り返して，図書館に戻りました。

夕方，教育委員会に呼び出され，宮戸島の避難所に再び行ってほしいと言われました。その夜あわてて，これまで撮り

ためた写真を使い，ホームページをつくることにしました。とにかく短時間勝負で，本部から本日の業務解散の指示が出る前につくり上げることを目標にしました。翌日，宮戸島の避難所に向かう前に，サーバー室に入りデータを流し込み，無事アップを完了しました。

　ちょうど，広島県福山市の明石浩氏から励ましのメールが届いていました。明石氏は，かねてより発信力と着眼点が抜群な方なので，この被災状況を広く拡散してくれるだろうと信頼し，お礼とお知らせメールを返信しました。おかげで，図書館問題研究会のメーリングリストで紹介していただき，驚くほどに拡散されました。その後，業務の合い間や，避難所での夜勤の暇を見て，何度かメンテナンスしました。

　そして，このサイトは後に，海外の図書館研究者からの問い合わせメールや国立国会図書館の「カレントアウェアネス・ポータル」で紹介され，2011（平成23）年の「カレントアウェアネス-R」で2番目のアクセス記録となりました。

　さらには，ホームページの公開をきっかけにして有効な意見を得ることができました。3月29日，図書館問題研究会のメーリングリストに，神戸市教育委員会の坂本和子氏より「震災の一次資料」というタイトルで，阪神・淡路大震災の経験をもとにした投稿がありました。その中で，「いちばん散逸してしまいがちなのは，一次資料。避難所での貼り紙，自治体の広報，会議の資料，時間の止まった時計」等々と，新聞を含め，今ある資料を集める必要性について述べられていました。この示唆は，時間の経過とともに自分の中で大きくなり，後に震災資料を収集・整理・保存していく上で大きな影響力となりました。

2.6 日頃のつながりから

　ここでは，ホームページの公開，後述する支援図書の受入や配本，応急仮設住宅集会室や津波で失われた市民センターの仮設施設など11か所での「小さな図書館」の設置，学校図書館支援整備事業「サマーサンタクロース作戦」，震災資料関連の資料収集やアーカイブを構築する「ICT地域の絆保存プロジェクト『東日本大震災を語り継ぐ』事業」が，実現できた理由を記させていただきます。

　まず，東松島市役所の行政組織，職員についてです。震災により，2010（平成22）年度予算の3月11日以降の20日分，新年度となる2011（平成23）年度予算の執行はすべてストップとなり，改めて新年度予算が再編されました。震災後，すべての社会的機能が混乱する中，組織内部では仕事や担当の押し付け合いではなく，できることをやれる人間が積極的に取り組む雰囲気がありました。そして，組織の意思疎通が図りやすかったこと，向かうべき方向や対応について必要に応じて情報が知らされていたことがありました。私自身は，図書館の機能（職員）として，市民のため必要なことや望まれていること，速やかな災害復旧をねらいとしたときどうしたいか，その都度考えをまとめていました。生涯学習課長や教育次長，教育長といった上司が多忙で口頭では伝えにくい場合は，起案文書で相談・報告するという手段をとったことにより，速やかな取り組みが可能となりました。図書館職員が市職員であったことも，大きかったと考えています。

　一方で，意思決定の中では，経験のない想定外の状況をどうするか，考え方や方向，組織内部の意思疎通を図る前のプ

ランやチェックをどうするかが課題でした。その解決の糸口は「つながり」でした。仲間・知人です。相談に乗ってもらったり，時には背中を押してもらったりして，進めることができました。

　特に，親身になってくれたのは，日本図書館協会や図書館問題研究会などの研究団体のメンバーでした。入会したきっかけは，図書館員になって間もなく，県内の図書館員の誘いでした。入会した理由は，内気で一人で悩むことが苦手，職場には正職員が少なく，専門職としての知識やスキル，刺激をどう得るかが課題だったからでした。

　今でも就職したばかりの頃を覚えているのですが，ネックだったのは，仕事の上で何が課題であるかがわからなかったことでした。そして，課は違いますが，同期や同僚は職員としての知識や仕組みをどんどん身につけているのに，一人だけが取り残される焦りも心情にありました。そうした状況を改善する意味でも，また災害への備えの観点からも，関係団体や研究団体に所属し，つながる大切さを知りました。

2.7　避難所担当から図書館の復旧作業へ（3月25日頃〜4月7日）

（1）　ライフラインの復旧と図書館での作業

　3月下旬。

　避難所での宿泊対応が交代制になり，避難所の中でも自治組織が芽生え，ライフラインも安定してきました。配給も水や食料が人数分行き渡るようになり，ひと安心です。余震などにより，下水管の勾配が狂って流れなくなり，トイレがオ

ーバーフローするなどの障害はあったものの，市民も日中は自宅の片づけや仕事をするようになり，避難所は閑散とした時間を見せはじめていました。自衛隊による医療行為や仮設の入浴施設の設置，民間団体や企業による一般家庭の泥かきや，津波により使用不可となった家財道具の廃棄処理のボランティア，炊き出しや物資の支援と，さまざまな支援活動が目に付くようになっていきました。

　津波で被災した体育施設の泥出し作業は，職員で手分けして行われるようになっていました。私も何度か駆り出されました。泥は肌理が細かく，床のかき出しが終わり，水洗いして終わりかと思いきや，少しでも隅の洗い残しがあると泥がそこから出てくるという癖のあるものでした。

　しかし，日中は呼び出しがない限り，図書館業務に専念できる時間が少しずつ増えていきました。同時に，嘱託や臨時職員も，1日勤務は困難でも，時間を自己調整すれば出勤可能な状態となっていました。

　中には，落下した本の配架を手伝いたいという，心優しい市民や高校生も出てきました。安全第一，地震発生時は書架から離れることなどを条件にお願いしました。作業は順調に進み，だいぶん先が見えてきました。

　そんなある夜。慌ただしくもあり，長いような，短いような繰り返しの毎日の中，避難所の夜勤もなく，図書館で残務整理をしていると，同じく市役所勤務をしている中学時代の同級生が様子を見にきました。お互い溜め息を交わし，笑い，淡々と震災以降の業務の情報交換をはじめました。

　聞くと，同級生は震災以降，亡くなった方々の収容で，主に警察と協力しての業務を担当していたそうで，私は驚きを

隠せず，自分はとてもできないことだと話しました。しかし，その同級生は，避難所対応で，生身の複雑な心境を抱えている避難者に対応するよりまだましだと言います。こちらは，何度も「大変だ」と同情しかできません。気持ちだけは強く持ってほしいと思うばかりで何もできず，それぞれの立ち位置でそれぞれがやるしかないと話し，別れました。

(2) 図書館への問い合わせ，避難者と読書

　3月下旬になると電話の復旧とともに，「開館はいつからか」，「資料を返却したい」，「利用者カードを被災して紛失または汚損してしまった」，「利用者カードが入った財布を沿岸で発見した」等の問い合わせが入るようになりました。特に返却の問い合わせが集中しました。

　返却の問い合わせが多かった理由は，3月下旬に電算システムを更新すること，書架等の備品を追加新調すること，蔵書点検という3つの作業による長期休館を目前にして，冊数無制限貸出の期間中に震災が発生したので，普段よりも貸出中の資料数が多かったことです。そして，もう一つの要因としては，新着本や利用頻度が高い資料を中心に貸出がされていたことで，利用者の心情としては借りたままであることが負担になっていたのではないでしょうか。

　返却の遅れに関しては，「津波で被災したので返却ができない」，「返却期限が気になり電話した」，「自宅が津波で被災した。返却を少し待ってほしい」などが主な内容でした。中には，被災資料を直接持参する利用者もいました。「ライフラインの復旧の見通しがたたず，連絡が取れない」，「津波でこのとおり泥だらけになり駄目になった」と，ナイロンの袋

に入れて，返却に来る利用者もいました。

　図書館ではこうした問い合わせを参考に，さっそく対応を検討することになりました。そして，震災による図書の汚破損については弁償を免除することとし，処理内容を起案して汚破損届け出用紙（以下「届け出用紙」）を作成し，決裁を得て実施しました。処理方法として，利用者には届け出用紙に名前と住所のみを書いてもらうことにしました。無制限貸出によりたくさんの書名等を記載する場合は，記載ミスや事務の煩雑化をなくし，書く負担を軽減するため，貸出レシートを出力して届け出用紙に貼ることとしました。

　使用不可能となった資料の多くは，新着図書，ベストリーダーでした。分野別に見ていくと，料理や編み物などの実用書や小説，雑誌，児童書が多くを占めていました。さらに，実数を見ていくと，震災発生前の貸出利用者数は約2千人，貸し出されていた冊数は約1万2千冊，そのうち被災図書は約26％（3千冊以上）。また，市民センター配本所2か所と閲覧所1か所においては，津波による浸水や全壊で蔵書数1万3千冊がすべて被災しました。

　返却される本が多くある中，避難所生活をしていた利用者から，うれしいことに本が持つ力を教えてもらいました。「借りていた本をたまたま車に積んでいて避難しました。避難所で何もすることがなく，その本を子どもに繰り返し読んであげました。そして，自分も借りた本を読んでいました」とのことでした。

　確かに，避難所では仕切りはなく，家族だけの空間，個室はもちろんありません。座るところ，横になれる場所があるだけ幸せです。常に他人と隣り合わせ，周囲の目に触れる中

2章　東日本大震災発生－その日から4月7日まで………43

での共同生活でした。

　東京大学の根本彰氏は，読書の大きなメリットの一つとして，読書にのめり込むことで現実逃避できること，頭の中で仮想のプライベート空間ができるのではないかと話しておられました。この話を聞いたとき，私自身も，宮戸島の小学校の避難所で，ライフラインが不通の中，新聞を読む若者，高齢者のことを思い出し，なるほどと同感しました。

2.8　致命傷（4月7日，震度6弱の余震発生）

(1)　少しずつ復旧へ

　4月7日朝。

　起床。窓越しに外を見る。自宅の外は津波が運んできた泥や稲株や木屑などが散乱。自分の家だけが妙に散らかっているように見える。

　ふと浮かぶ願望や妄想。家の周辺を片づけたい。浸水後の臭いも少しは改善されるはず。しかし，朝は通常より1時間以上早い出勤体制で，夜も寝るためだけに帰宅する始末で，ちょっと片づけるだけでは中途半端となるので，無理と即決断。

　そんなことを考えながら，配達された新聞を開く。スーパーマーケットの折り込みチラシが目に入る。お金を出せば物が手に入る環境まできたと知った瞬間，チラシに見入った。そして「ここまで復旧してきたんだ」と実感。うれしくもあり，気持ちにも余裕が出た瞬間だった。

　ふと，自分の中で「いつ休んだっけ。震災の週始めの火曜日，3月8日からだ」と記憶を呼び起こす。そろそろひと休

みしたいなあとの思いを強くする（4月11日までは無休で，そのうち夜勤は14日間。3～5月の休みは月に2日）。

5月のイベント後の休みに，銭湯に行き，何気なく体重計に乗ったときのこと。体重が8kgほど落ちていた。確かに，震災前に比べて病み上がりのように小食になる。これは自分だけではなく，被災地の誰もが少なからず同様の環境下にあったので，こうしたことを経験したと思う。

(2) 最大の余震発生

図書館業務と避難所業務を終えた4月7日の深夜，23時32分。この日は，2人交代で避難所の夜勤中。

同僚と固い床に横になった瞬間，震度6弱の余震が発生。携帯電話の地震速報が一斉に目まぐるしく鳴り響き，不安をあおる。このところ，緊急地震速報が鳴る割には大きな地震が発生していなかったが，まさかというほどにゆれは次第に大きくなり，不意打ち状態。同僚は寝ぼけ，地震のゆれの中，机の上で倒れたパソコンを起こす。何やら周辺のものを無造作に片づける。「それは後に」と声をかける。館内確認を手分けして行うよう促す。

事務所から出ると，ある母親は幼子を痛いと泣き出すほど抱きしめる。高齢の女性はパニックとなり「地震！地震！」と廊下を右往左往，騒然とする。無情な自然に対し，苛立ちを覚える。幸い停電にならずひと安心。怪我人がないか，建物は安全か，2人で手分けしてひと通り確認した。

その後，それぞれの施設担当に分かれ，確認作業。私は，隣りの図書館へと走る。4月とはいえ，まだ夜は寒い。避難所であるコミュニティセンター周辺は渋滞。眼下には，内陸

方向に車の光が続き、夕方を思わせるほど明るい。これでまた津波が来たらどうなるのだろうとの思いが一瞬よぎる。

真っ暗なため、おそるおそる図書館の職員通用口の鍵を開ける。掃除用具入れのロッカーが倒れ、中に入れなくなっている。「まったく！」と思い、再びかきわけて中に入る。暖房用の灯油缶が一つ転倒し、半分くらい入っていた灯油が漏れ出していた。あわてて起こすが、ほとんど空で臭気が漂う。とりあえず、タオルや使用済みの紙を吸い取り用としてばら撒く。

最大の余震で天井が破損（2011.4.7）

せっかく、市民や市内の高校生たち利用者が自発的に手伝いを申し出てくれて、職員と配架した図書が、無残にも本震よりたくさん落下した。ゆれが長かったため、4本の4連6・7段の複式木製書架が破損した。モルタル製の天井が1間から2間ほどの大きさで落下した。事務室も散々の状態で踏んだり蹴ったり。厄年ってこんなにも試練があるのかとあきらめの境地。空になったヤカンを取り上げる。水に濡れた書類をとりあえず乾くように置きなおす。雑巾で床の水気を取り、

46

ばらまいて置いた灯油の吸い取り紙や雑巾をゴミ袋に入れる。その夜は，ため息を押し込めて施錠，避難所へ戻る。「もう，これは夜明け以降の作業」と割り切り，固い床に横になった。早朝に確認すると，開架室のガラス製の防炎下り壁の一部が破損して飛散していた。

(3) 就寝前に本を

　そして4月8日，大きな余震の翌日。避難所にいる子どもたちの気分転換にとの思いを込めて，ブックトラックに児童書を仕込み，図書館から隣りの避難所（コミュニティセンター）まで，ガラガラと押して廊下にセッティングしました。睡眠時間前に「図書館から子どもの本を運んできました！ご利用ください!!」と館内放送すると，幼児やその親，高学年児童などが，どれどれとばかりに本を選び，思い思いに持ち帰る姿が見られ，微笑ましくもありました。就寝前の親子のスキンシップが見られたひとときでした。

　なお，施設等の被害状況について興味のある方は「その時何が起こり，どのように行動したか：公共図書館－東松島市の場合」(『東日本大震災に学ぶ　第33回図書館建築研修会』日本図書館協会編・刊，2012) として報告させていただいていますので，そちらをご覧ください。市内読書施設の被害状況については，「参考2」に掲載しました。

3章 図書館活動を支える ボランティアの方々と震災

　東松島市には読書の普及推進をねらいとしたボランティア団体があります。旧矢本町立図書館の開館から2年後の1995（平成7）年に，図書館が呼びかけて結成された「図書館読み聞かせボランティア　おはなしのはなたば」（以下「はなたば」）です。その後，1997（平成9）年に「紙芝居ボランティアサークル　かちかちかち」，2000（平成12）年に「布絵本ボランティア　フェルト」が生まれました。

　「はなたば」は図書館での活動以外に，市内の小学校や高齢者福祉施設へ出前に出かけるまでに成長し，本を通じてコミュニケーションを図ったり，知識や情操の育みに年齢に関係なく取り組んだりと，図書館をベースに活動を行っていました。

　しかし，この震災でほとんどの方が被災，中には，演じる道具はもとより，家財道具すべてが津波による浸水で駄目になった人，自宅を失った人，そして最悪の事態，命を落とすという悲劇も起きてしまいました。

3.1 聞こえてくる情報

　時はいったん，3月に遡ります。
　震災発生後，安否確認がされていく中，図書館ボランティ

アのメンバーが，自分の復旧作業の合い間に仲間同士の安否確認をしてくれていました。その中で，数人と連絡が取れないとのこと。さらには，松本昭英さん，和泉悦子さんが亡くなったかもしれないと連絡がありました。

　情勢はいつも変わり，慌ただしく過ぎる日々。

　内心まさか，何かの間違い，と悪いことを考えないようにしていました。しかし，安否情報として新聞や市報，避難所受付にて，誰も来ない夜に聞こえてくるラジオ。まるで，戦時中を題材とした，テレビドラマを見ている気分でした。

　夢の中だろう，と思うシーンがしばしば繰り返されていく中，図書館ボランティアが直接来館し，「やっぱり亡くなっていた」と過去形で報告をしてくれました。「本当だったんだ」と頭の中では言葉が浮かびます。でも，なぜか，涙や悲しみが湧かないのです。この時期，心の中にどうしても入ってきませんでした。受け入れたくなかったのかどうか，正直わかりません。どうしてだろうと，時には情けなくも思いました。

3.2 震災前（生前）の活動

　松本昭英さんと和泉悦子さんの生前を知っていただきたいので，震災のことと織り交ぜながら書かせていただきます。

　松本昭英さんは大阪出身で，自衛官を定年退職後，民間に再就職され，1998（平成10）年頃から約13年間，図書館でボランティアとして，主に読み聞かせをしてくれました。その合い間に，図書館玄関前の花壇のペンキ塗りから，ちょっとしたドアの建付調整，補修と幅広く活動されました。

　また，紙芝居用の舞台を，図書館での貸出用にと数十台つ

くり，家庭での紙芝居普及にも貢献されました。この他，人形劇の人形，舞台，小道具づくりもされて，つくることが大好きで本当にパワフルな方でした。

そして，一貫して欠かさなかったことは，大型紙芝居づくりでした。秋の図書館まつりのラストを新作で締めくくり，読書の秋の風物詩となっていました。

そんな松本さんがぽそっと，「幼少の頃，どこにでもお地蔵があって，みんな手を合わせていた。地域みんなで子どもに声をかけて見守っていた」と言っていました。たぶん，本を通じて地域みんなで子ども育てていこう，という思いを秘めて，図書館で活動していたと，今となっては思います。

松本さんの震災当日の様子ですが，午前中はいつもどおり，図書館の会議室で，大型紙芝居づくりに励んでいました。午後は女川町教育委員会が視察に来ることから，活動は休みにしていました。別れ際に「数日後，フェリーで北海道旅行に行ってくるから。それでは，また明日。失礼します」と，みんなをビックリさせたのが最後の言葉でした。あと数日早く，北海道に出発していたら，または，あの14時46分，図書館で活動していたらと思うと残念でなりませんでした。

和泉悦子さんは地元の出身で長年，保育士として勤務後，旧鳴瀬町時代から，小学校等で読み聞かせの活動をしていました。2005（平成17）年，平成の大合併と同時に，「はなたば」の会員となり，図書館でも積極的に活動されました。手遊びも保育士ならではで，親子に好評でした。また，地元の仲間たちと，言い伝えや神社のいわれ等の次世代への伝承を目指し，紙芝居づくりに励んでいる方でした。

3.3 「ありがとう」が言いたくて

　これまでのお礼とお別れを言うことができたのは，松本さんには 5 月中旬，和泉さんには 8 月中旬でした。きっかけは，ようやく月休 2 日となった初日の 5 月 15 日，なぜか仮埋葬所に行こう，という気持ちが沸き上がりました。というのも，震災から 1 週間くらい経過した頃，火葬場などの受入施設が，許容範囲を超えたことなどから，一時的に土葬で仮埋葬されているという事情を報道で知ったことが，急に頭に浮かんできました。なんで早く気づかなかったのかと思いながら，線香を持って出発しました。

　仮埋葬所では，葬儀を行っている方々がいました。僧侶と遺族でしょうか。なぜかテレビカメラマンもいます。カメラに映りたくないので，背を向け，忍んで，木に書かれた名前を確認して歩きました。中には運転免許証などの本人確認できるものを身につけていなかったようで，身元不明として番号のみ方もいました。『東松島市東日本大震災記録誌』では 369 人，死亡者の約 3 割が仮埋葬されたとあります。火葬場が空き次第，順次火葬が行われ，本埋葬されました。

　一歩一歩，ゆっくり確認していくと，松本さんを最初に見つけました。足を止め，思わず実感が込み上げ，手を合わせます。駆けつけるのが今日になったお詫び，寒かったのでは，無念だったのでは，これまでの感謝の気持ちが一気に湧きました。線香をつけ，再び手を合わせました。

　それから，和泉さんを探しますが，見つけられません。あまりにも仮埋葬者が多く，身元がわからず，名前が記載されていない方がけっこういらっしゃる。ここ以外の違う場所か，

3 章　図書館活動を支えるボランティアの方々と震災

自宅かと考えてみます。さらには，遺族が独自に手を尽くし，他市町村で火葬をされた例もあると聞いていました。親類縁者を頼り，他県で火葬された方もいたと，後日さらに知りました。これ以上探すのは難しいと判断し，仮埋葬所の出口で手を合わせ，失礼しました。

8月。松本さんの告別式が親族のもとで行われました。

告別式の中で，和尚が感慨深い一言を私たちに教えてくれました。「生きたかったのに，この震災によって無念にも亡くなった方々はたくさんいる。その方々のためにも残された人は生きること。故人は食べることがもうできないので代わって食べてあげること。1日の終わりに故人を思い出してあげること。これが供養。」

和泉さんと会えたのは，震災からだいぶん後の8月中旬となってからです。隣接市で告別式を行うと聞き，うかがいました。会場の入口には，参列者に故人の生前の活動がわかるように，津波で被災した当時の予定表のカレンダー，松本さんがつくった紙芝居舞台等が飾られていました。また，娘さんから見た現役の保育士の頃のエピソードや，家庭での母親ぶりが語られ，私たちの知らない和泉さんの様子を知ることができました。

このようにお二人の方に，最後にお会いでき，お別れが言えました。これまで尽力いただいたことへのお礼，安らかに眠ってほしいというさまざまな思いを込めて，手を合わせることができました。自分の中では，気持ちの上で肩の荷を降ろすことができました。

そして，この場をお借りすることをお許しください。震災で亡くなられた方々のご冥福を心よりお祈りするばかりです。

4章 立ち上がる

　時は4月上旬。
　図書館関係の支援にも本格的な動きが出てきました。
　多くは本を送りたいという申し出で，市役所内，避難所で聞かれたり，目にしたりしました。本の受入をどうするかと協議が舞い込むことが多くなりました。そして，自然と図書館が窓口となりました。
　また，全国の自治体から災害への応急対応，激甚災害法の適用等で，職員が派遣されるなどのさまざまな支援がある中で，熊本市からは，自動車図書館車の無償貸出の申し出がありました。しかも，車検・保険付き，タイヤや油脂類などは整備済，運搬費用は熊本市負担という好条件でした。

熊本市職員による避難所での紙芝居会（2011.4.21）

一方，4月7日の余震で，図書館では一部天井が落下するなどして，再開館の目処が立っていませんでした。避難所での勤務の傍ら，落下した本の再配架の段取り，天井などの施設改修の調整をしながらも，市民を元気にする事業を図書館で実施してほしいという企画も浮上してきました。

4.1 支援図書の受入調整（5月下旬まで）

　4月上旬，具体的に図書の支援申し出がいくつもの団体，個人からありました。北海道滝川市が廃車となる自動車図書館に約2千冊の図書を積載し，コンテナボックスごと寄贈してくださいました。仙台市の横田重俊氏（絵本と木のおもちゃ横田や）が「こどもとあゆむネットワーク」を立ち上げ，絵本や文具，本の支援だけでは置き場所に困ることを配慮して，段ボール書架などの支援が可能であると連絡をくださいました。

　ずうずうしい話で恐縮ですが，まさか個人から団体まで後々，こんなにも支援があるとは予想できずに，ライフラインの復旧とともに，出版社に対して支援要請のメールを送りました。その結果，仙台市に支店や営業所がある出版社のいくつかから図書が送られてきました。中でも，国土社が「配送ルートの確保ができていないが何とかして送りたい。我が社の図書で，子どもたちが元気になればこんなにうれしいことはない」と，いち早く対応してくれました。とてもありがたく，心に残る対応でした。そして，本が届くと早々に避難所に設置させていただきました。

　この他の支援図書については，以下の作業が次第に増えて

きました。
(1) 本の受入→支援要請・支援の申出者または団体との調整。
(2) 本の現物搬入・仕分け→仕分けのポイントは，まず放課後児童クラブ，小・中学校で利用されるものを図書館での利用状況を踏まえて選書。無償配布する避難所用には気分転換となるような本，個人が欲しい本を選書。このときは自由に選んでもらうことを第一としました。
(3) 装備→放課後児童クラブや学校などで使うものは，活用の幅が広がるよう，ブックコートフィルムをかけるなどで補強。
(4) 配本→市民に震災前と同様の読書の機会を担保する，本で気分転換，現実逃避，親子のコミュニケーションツール，などをねらいとして配本。
(5) 設置（読書環境整備）→避難所に，担当者を通じ無理のない範囲で，図書コーナー設置が可能かどうかリサーチをして設置。

仕分けのときには，ちょうどありがたいことに，東北福祉大学の高梨富佐氏が駆け付けてくれて，連日，作業に加わっていただきました。また，嘱託や臨時職員からは被災状況などを聞いてもらい，職員のメンタルケアにも貢献していただきました。

この他，5月に入ると，日本ユニセフ協会より「ユニセフちっちゃな図書館プロジェクト」として「乳幼児セット」，「小中セット」という，かわいいデザインの段ボール製の本立てが各避難所に設置され，避難所が閉鎖された8月まで個人・団体問わず寄贈本が追加され，利用されるのを目にしました。

なお，本のニーズについては「参考3」にまとめました。

4.2 支援物資の受入能力の限界

　支援図書の受入をしていく中で，課題が発生しました。これまで市民から不用本を集め，無償配本する「青空リサイクル」などの実践経験（1.2(2)で紹介）によって，受入から配本までのトレーニングは万全だと思っていたのですが，想定以上に多くの支援者からのありがたい申し出と，実際に入ってくる数量がありました。他に配本したので結果的に少なくなってしまったという場合は問題ないのですが，少しでも期待に応えたい，あるいはここが最終支援場所だ，などの理由から持ち込まれる支援図書が多くなる傾向にありました。

　配本してスペースをつくってから次を受け入れるので，受入時期を間違うと，受入場所や仕分け場所がなくなるという事態が発生しました。しかし，支援をいただくのだから好意に応えたい，失礼にあたらないように，という思いなどが複雑に絡まり，うまく支援者に状況を説明できずにいました。

　そのような中，他の被災自治体で，支援物資の衣料品を仕方なしに燃やし，問題となった新聞記事が目に入りました。支援物資として大量の衣料品が届き，しまう場所がなくなって処理したとのことでした。

　ちょうどその頃，「子どもの広場」（震災から 2 か月後の 5 月に行ったイベント。4.8 参照）の準備で，私も支援物資の衣料品の仕分け作業を経験しました。相当量の衣料品を見て，感謝と同時に愕然としました。使い込んだ品，どう見ても未洗濯で黄ばみのあるもの，ボタンがないもの，穴空きや破れ，ベビー用品では醤油のあとやヨダレが付着したままのものなどがあったからです。

確かに,「震災当夜の雪が降る夜」,「津波によりすべてを失ったあのとき」,そして,「ライフラインが止まり,すべてに事欠き,ストーブがなかった避難所の初夜」,多くの市民が「この1枚があれば寒さが解消する」,「ひもじい思い」,「泥だらけの衣服で過ごした」あの日,あのときは,必要に迫られていたと確信します。しかし,復旧,復興に向けて歩み始めた時期には,どれもこれも,震災発生直後のニーズのピークを過ぎたものばかりです。

　憶測で物事を書くことは許されません。しかし,衣料品の焼却処分をした当時の担当者は,そんな苦渋の選択をせざるを得なかったのだと想像されてなりません。

　衣料品を一例とさせていただきましたが,すべての支援物資で,同じことが言えます。本書でも,図書の支援について時系列で書かせていただきますが,今回の経験(支援のパターン)を図にして,図書が有効な支援となるためのあり方,来る災害に備えて,少しでも参考になればと,「参考4」にまとめさせていただきました。

　もし,ただシンプルに,支援するにはどうしたらよいかと回答を求められた場合,一言でまとめるなら,「被災地で自由に本を選べる支援」,「古本やリサイクル本でなく,本屋の棚に並んでいるような新しい本で支援」です。生意気にも,言える立場ではありませんが,理由も聞かず物心の両面にわたり,寛大,そして有意義な支援をしていただいた皆様への感謝の意味も込めて,書かせていただいています。お許しください。

4.3 宮城県図書館の市町村支援活動

　支援図書の装備等に向けての人的協力などについて，宮城県図書館（以下「県図書館」）と協会にさっそく相談しました。

　まず，県図書館は震災後の取り組みとしては，2003（平成15）年の宮城県北部連続地震を教訓に，被災状況の情報収集を実施しました。県図書館ホームページ内の県図書館と市町村図書館の相互貸借システムの掲示板で集約し，その後，情報共有のため，公開日は定かではありませんが，ホームページで被災状況が公開されていました。

　さらには，県図書館職員の熊谷慎一郎氏（以下「熊谷氏」）が，県内の市町村図書館支援を必要に応じて力強く，長期にわたり実践してこられました（熊谷慎一郎「東日本大震災から復旧・復興と宮城県図書館の役割」『東日本大震災と図書館　図書館調査研究リポート』No. 13，2012，p. 270 参照）。県図書館としての存在価値を高めて，有志ではあるが必要に応じて人的応援が対応可能との回答を受けてうれしくもあり，小さな図書館で日々の業務を担当している市町村職員からすれば，こんなに心強いことはありませんでした。

4.4 日本図書館協会や他団体から人的支援等を受ける

　協会の西村氏に相談したところ，「JLA メールマガジン」に支援の呼びかけを掲載し，対応してくれるとのことでした。また，文部科学省が，被災した児童・生徒がより必要な支援を受けやすくするための緊急対応の取り組みとして，各種情報を提供するとともに，被災者のニーズと提供可能な支援を

総合的に一覧できる「東日本大震災・子どもの学び支援ポータルサイト」を立ち上げたと情報提供がありました。さっそく支援要請をしました。

　その結果，協会の震災対策委員会と協力して，学校や放課後児童クラブなどに配本するための図書を，4月から7月にかけて装備することができました。延べ78人の人的支援をいただきました。遠くは九州，近くでも仙台市から来ていただき，感謝せずにはいられません。特に，元調布市立図書館職員の関谷康子氏が夫の関谷秀行氏とともに懸命に貢献してくださり，この後の学校図書館整備支援事業「サマーサンタクロース作戦」（2か年）でも活躍いただきました。

　図書の装備が可能となった背景には，埼玉福祉会，日本ブッカー，財団法人図書館振興財団（以下「図書館振興財団」）などからブックコートフィルムや用品の提供がありました。

　また，キハラ，規文堂，日本ファイリング，「NPO法人ICAN」などから，図書装備用品やブックトラック，津波で粉塵が常に舞いマスクが手放せない生活の中だったことから，館内の環境改善のための空気清浄機などが支援品として搬入され，多くの支援で環境が整備されていきました。

4.5 雇用を生み出す

　順調に図書の装備が進む中，西村氏から「ボランティアも大切だが，地元の雇用につながる方法があるとベストではないか。そのための支援も行いたい」と提案を受けました。

　ちょうどこのタイミングで，市役所内部では，国の事業で緊急雇用創出事業の要望調査があり，図書館でもさっそく事

業申請をして，ハローワーク経由で募集を行いました。その結果，多数の応募者がありました。応募者のほとんどは，津波で家屋敷を失った，車に寝泊まりしているので早くそんな生活から脱したい，会社が津波による被災で再開の目途が立たない，震災により働き先が廃業した，生活再建を早期にしたい，などの課題を抱えていました。一方で，採用されても緊急雇用創出事業であり，会社が再開されたり再就職できて目処が立ったなどと辞める人もいて，人の出入りが多くなりました。

　図書館にとっては人材の確保が大変ですが，働く側としては定職が定まり図書館を退職することはよいことでもあり，これも復興の一つと捉えて求人を行いました。幸い人材が不足することはなく，仕事を順調に進めることができました。

ブックコートフィルムのかけ方指導

　この環境下で，本の装備を進めることができたのは，日本ブッカーが協会と協力し，物資の支援だけでなく，本の装備の技術指導をしてくれたからです。しかも，社長自ら関東からハンドルを握り，何度か訪れてくれました。おかげで，作

業が速く，確実で，効率がよくなり，秋以降に事業として取り組んだ応急仮設住宅集会室など，市内11か所に設置した「小さな図書館」用の大量の図書に，ブックコートフィルムをかけたときにも，短時間で手際よく進めることができました。

4.6 支援の情報提供と要請

　熊谷氏より，有力な支援情報の提供がありました。図書館振興財団が平成23年度助成事業として被災地図書館支援事業を実施すること，インターネット通販大手のAmazonが「たすけあおうNippon　東日本を応援　ほしい物リスト」サイト（以下「Amazon東日本大震災応援サイト」）を立ち上げることでした。

(1)　図書館振興財団への支援要請と紙芝居制作
　さっそく支援要請の様式をダウンロードしました。申請用紙への記入以外に，担当者に必要性を伝えるため，被災状況報告や写真を添付，また，具体的な金額が見えないと支援が難しくなると考え，見積もりを可能な限り添付して送信しました。図書館振興財団から迅速な判断をいただきました。その後，地震によって破損した書架，新刊図書，紙芝居制作費用についての支援がありました。

　特に紙芝居は，つくることによって被災した地元印刷企業の復興を支援すること，この震災で亡くなったお二人のボランティアの図書館活動の証として語り継ぎたいこと，また復興のシンボルとしてボランティアと私たち図書館職員の気持ちの支えになればと考えていました。

「善は急げ」と，東松島市の読書普及活動に15年以上尽力をいただいていた仙台市在住の読書紙芝居作家のときわひろみ氏に相談し，さっそく生前の松本昭英さんの作品を見てもらいました。その中で，江戸時代の実話「初めて世界一周した日本人　若宮丸漂流」は，地域色があってよいとのことでした。確かにこの話は，震災から立ち上がろうとしている私たちに必要な気持ちが，たくさん秘められていました。

　このお話の内容を簡単に紹介します。東松島からの乗組員も乗船した千石船・若宮丸が石巻港から江戸まで米を運搬する途中，不運にも嵐に遭遇し，幾日も漂流し，仲間を亡くすなど悲劇に見舞われながら，何とかロシアに流れ着きます。その後，知らない土地や言葉，習慣を乗り越え，さらに仲間が亡くなる中，何とか世界各国を航海するロシア商船に乗船できることになり，結果的に幸か不幸か初めて世界一周した日本人となります。しかし，当時の日本は鎖国の時代，帰国後は長期にわたり厳しい取り調べを受け，幾度もくじけそうになります。一方で，残った乗組員にはこれまでの試練を無駄にしないという思い，不運にも命を落とした若宮丸の仲間たちへの思い，漂流から助けてくれて帰国するために尽くしてくれた他国の人たちへの恩，さらに何よりも原動力となったであろうふるさとを思う気持ち，家族や友人に生きて会いたいという願いがありました。これらの生きて帰るための信念や希望，精神力を強く持ち続けた結果，ふるさとに帰り着きます。

　この先人のたくましさ，生きる力は，現代の私たちが学ぶべきところでもあり，まして，これからの復旧・復興には必要な気持ちであるということで制作が決定しました。また，

ときわ氏から，地元色を濃くするためにより多く方言を入れること，復旧・復興にあたり，より元気が出るようインパクトをつけるなどの提案をいただき，ご好意で補作と監修を引き受けていただけることになりました。

そして，印刷・製本については，震災にも負けず新聞記者魂で，手書きの壁新聞を発行し，国内外に名を馳せた石巻日日新聞社に相談しました。「紙芝居の製本印刷経験はないが，よりよいものをつくりましょう」と目指すものが一致し，進めることができました。このようにして完成した紙芝居は，市内の小・中学校や公共施設，県内の市町図書館や全国の県立図書館に広く発送しました。利用が可能となっているはずです。ぜひ，ご一読，ご一演ください。

紙芝居「初めて世界一周した日本人　若宮丸漂流」

(2) 「Amazon 東日本大震災応援サイト」への支援要請

このサイトを簡単に紹介させていただくと，ショッピングサイト Amazon を通じて，支援者(購入者・支払者)が Amazon が認めた被災地の団体に希望する物資を支援するものです。

① 仕組み

具体的なシステムは以下のとおりです。

まず，Amazonから登録承認された被災地の団体が，必要とする物資について「ショッピングカートに入れる」を選択し，そして，星印で5段階表示された優先度を選択し，なぜ必要なのかと使用の理由などを1品ずつ入力し，最後に登録ボタンを押して完了です。リアルタイムにサイトにアップされる仕組みです。また，このサイトの特徴として，団体紹介のコーナーで，被災地の状況，支援を受けた状況などが書き込めるので，随時感謝を伝えられるというメリットがあります。

一方，支援者側は，この被災地の応援したい団体，この物資を支援したいと思うままに判断して選択し，支払いはクレジット決裁で，支援者が購入した物資が数日後には被災地の団体に届きます。刻々と変わる被災地ニーズをしっかり把握し，数量も適切に必要な数量だけと，多くも少なくもなく，無駄なく届きます。よくできた仕組みだと感心しました。

しかし，利便性がよい反面，支援物資のアップ（登録）には緊張感が常に発生します。というのも，他の被災地の団体で次のような事例がありました。物資のグレードが高く，高額なものがアップされ，意見交換のサイトで必要か否かと議論がされていたのです。一例として，海外製の高価な折り畳み自転車がアップされていました。しかし，Amazonの商品検索をすると，そのときはその自転車しかヒットせず，この時点では残念ながら商品としては，これしか扱っていなかったので，これを選択するしかなかったのですが，支援する側の方はそこまでわからなかったようです。

② 登録申請

　以上のような注意点はあるものの，非常によい仕組みであることから，さっそく登録申請を行いました。しかし，課題が発生しました。Amazonとしては，図書館の所属管理課長に電話での団体の確認を行い，手続きを進めたいとのことでした。これは，Amazonからすれば迅速に対応する手段だったと受け止めています。しかし，市役所としては，文書で決裁を受けて記録を残していくのが基本です。また，この時期は震災に伴う不安が少々ありました。つまり，頻繁に人事異動があるため，申請記録やその発送記録を極力残しておきたかったのです。記録を残すことで，引き継ぎや説明責任に備えられるからです。

「Amazon支援サイト」の支援本コーナー

　こうした事情から，登録申請は暗礁に乗り上げた状態となっていました。そんなとき，save MLAKの岡本真氏が熊谷氏と陣中見舞いに来館し，チャンスが来ました。熊谷氏に相談すると，岡本氏が調整・承認者になると買って出てくれたのです。その結果，口頭確認から公印付き文書をもって登録完

了し，5月23日から希望支援物資として図書をアップすることができました。

4.7 自衛隊と図書館（支援の支援）

4月中旬になると，各避難所で陸上自衛隊による炊き出しや沐浴などの支援が行われるようになりました。担当していた避難所のコミュニティセンターも同様でした。しかし，テントを張るには杭を打つ必要があり，設置場所はコンクリート以外であることを希望されました。あいにく，コンクリートでない場所は図書館裏の一部砂利の駐車場に限られていたことから，隊員の宿泊テントや炊き出しはその場所で行うことになりました。

私たちのために被災地活動を連日展開している隊員。労をねぎらう言葉を伝えると，「任務です」と一つもこぼさず，連日，寒さや気温の変化が激しいテント生活をされていました。

「支援の支援」として何かできないか。隊長に隊員の気分転換のためと図書館利用を提案してみました。はじめは，衛生面からトイレを使わせてほしいとの申し出だけでした。そして，トイレを使わせてもらうからには，トイレ清掃をさせてほしいとまで希望されました。しかし，被災地復旧を加速させるためにも，隊員の精神衛生面を安定させて，今後の被災地活動を頑張っていただくためにも，ぜひどうぞ，と何度か提案してみたところ，少しずつ書架にも足を運ばれるようになりました。

そして，この機会に図書館の魅力を隊員に知ってほしい旨を，私たちもさりげなくアピールしました。やがて，探して

いる本の場所を聞かれるようになり，気軽に世間話をするまでになりました。時には，館内で見かける迷彩服は，目立って迷彩になっていないと互いに笑うシーンも。こうして隊員との距離が縮まり，微笑ましい一幕もありました。

　参考までに書きますと，貸出は図書館の敷地内のみです。図書館員も作業をしているので，カウンターは無人になることから，ノートを1冊用意し，自衛官の利用者には簡単に書名だけ書いてもらい，返したらそのままカウンターに置いてもらう方法としました。このように，徐々に図書館のよさを知ってもらい，テントで読書するために貸出し，館内を時には昇進試験勉強の場として利用してもらいました。

自衛隊隊員も図書館の利用者に

　なお，注意事項として，地震により天井が落ちるなど改修が完了していないので，一部利用制限があること，衛生面で少しでも泥の侵入を防ぐために土足禁止であることを知らせ，余震に備えて必要に応じてヘルメット着用で利用してもらいました。

4.8 「子どもの広場」、「来館型無償配本」(読書推進活動本格再開)

(1) 「子どもの広場」実施へ

4月もあと2週間を切る頃。

物資担当課でもあった市民協働推進課長から、「震災から1か月。お腹（食料）はある程度満たされてきたので、心を満たしてあげたい。ちょうど5月5日は子どもの日。図書館色を出して、何かできないか」と話を持ちかけられました。

実施まで短期間で、苦しいのは目に見えています。やるべきか、こんな大変なときに不謹慎ではないかと自問自答、課題ばかりが浮かびました。しかし、震災後の辛い気持ちから少しでも逃避したい自分がいて、夢や希望や楽しい想いを届けたい気持ちもある、結果として今やるイベントは打ち上げ花火的になるかもしれないが、その後の余韻も必要と考えました。まず、館内での検討・調整をし、その後、教育委員会に話を出すと意外にも快諾されて、案ずるより産むが易しでした。「子どもの広場」ということで、市役所内からも協力を得て行うこととなりました。

まず、子どもたちが電気・電池を必要とするテレビゲームなどがなくても過ごせるように、寝る前の1冊、児童書の「青空リサイクル」だけは外せないと思い、仙台市の「絵本と木のおもちゃ横田や」の横田重俊氏に相談、一つ返事で快諾いただきました。全国の団体や個人から寄贈され、これまで整理してきた3万冊以上の本が整えられました。また、炊き出しと沐浴支援をしていただいていた陸上自衛隊、地元の航空自衛隊からも協力をいただけることになりました。

イベントの実施が市役所のホームページにアップされると，ありがたいことに，イベント参加支援の申し出の電話がコールセンター状態で多く届きました。遠くは関西からも含め，全国のNPO等の団体や多数のボランティアから申し出がありました。内容も，炊き出しやミニゲームなど，多岐にわたりました。ありがたい一方，調整しきれずに途中からは「自己完結」を条件とし，臨機応変に，怪我だけはしないよう，安全第一をご理解いただき，空いているスペースに入り込んでもらうことにしました。それと同時に図書館色を出すため，読み聞かせ会を高梨富佐氏に協力をもらい，人形劇を横田氏に実施していただきました。

　当初，広報不足や天気が心配されましたが，当日は晴天，不安を一気になくすがごとく出足も順調でした。児童書の「青空リサイクル」では500人以上が行列し，そして，思い思いの本を選び，待ちきれず，親子でベンチやその場に座り本を開くなど盛況でした。協力団体のすべての催し物も，時間の経過とともに人でにぎわうようになり，まるで震災前の忘れ物を取り戻しているかのような光景でした。

(2)　陸上自衛隊員とのふれあいと感謝

　何よりこのとき印象的だったことは，陸上自衛隊員の人気ぶりでした。彼らの主な出し物は流しそうめんで，隊員たちは少しでもみんなに喜んでもらおうと，業務の合い間を見ては，前日まで準備するほどの念の入れようでした。

　竹の調達調整担当は私となり，たまたま知り合いの地元議員に事情を相談すると，「好きなだけ，切り出して」と快諾をもらい切り出しました。そして竹の工作に追われ，事前に水

やそうめんの流れ具合を確認，隊員の笑い声が聞こえることもあり準備万端です。

そして当日。流しそうめん，腕相撲，着ぐるみ，隊員との撮影など，どれもこれも，大人から子どもまで大盛況。市民は本当に思うままに，懇親を深め，距離を縮めていました。これは，震災以降の献身的な救援活動，行方不明者の捜索，瓦礫撤去など，連日，陰日向となり支援してくれていた隊員への感謝と，近づきたい思いの結果なのだと思いました。

同様に，こんな微笑ましい出来事がありました。避難所支援活動部隊の隊員が交代するとき，任務完了とばかりに，静かにサンタクロースのように去ろうとする隊員たち。それに対して，人々は誰から言われるでもなく聞きつけて，自分たちができること，今できる精一杯の感謝の表現をしていました。避難者全員が一列に並び，思い思いに手を振り，「ありがとう」の言葉を述べていました。こうして，自衛隊員は見送られ，時に涙も見えました。車が見えなくなっても，たたずむ避難者を見た瞬間，何か自分の中で胸が満たされ，目があつくなりました。

震災ですべてを失っている人たち。一方，これまで支えてくれた隊員に対し，何もできない，何もあげられない。けれども人として何とか感謝をしたい。支えてくれた人へ素直に気持ちを伝えたい。今，目一杯できることをしたい。そんな思いを見た瞬間，なくしていた，忘れていた，人として大切なことを学んだ瞬間でもあり，何かの形で残したいと思いました。

5章 仮開館（6月から）

　どのタイミングで開館するか。
　4月7日，震度6弱の余震によって，気分的にも迷いが生じていました。それというのも，いまだに余震が続いていたからです。もし利用者がいるときに大きな余震が発生した場合どうするか，内部で話し合いました。
　一方で，施設の仮改修が進み，図書館振興財団からの支援で，破損した書架を交換することができ，それなりに開館の目処がついてきました。また，震災前の利用者の元気な様子，「これ，また読むの？」「こんなにたくさん？」「これ，面白いよね！」など，利用者が本を選ぶときの会話，笑い声，小さな子どもが泣く声，井戸端会議等々，どこの図書館でもある風景，市民に震災前の環境を少しでも早く取り戻してほしいという思いがありました。そして，市民から必要な情報が求められているはずだ，図書館の必要性に鑑み，試験的開館で様子を見てから本格的に開館していこうとなり，6月より仮開館することになりました。

5.1 仮開館の日

(1) 仮開館に向けての準備

　仮開館は，まず閉館時間を1時間早めて17時までとしま

した。また，スタッフ間で余震が発生したときの対応，大きな声を出せるように地震発生時の放送説明文を準備するなど避難誘導の確認，さらには地震後の停電時の行動，配管からの漏水など被害を最小限に止めるための施設確認などの情報を共有し，震災時の基本的な行動をいつでもできるようにしました。

　津波で被災し，利用者カードを紛失した人たちが多いことを想定し，即日発行できるよう備えることにしました。居住地が応急仮設住宅や一時的に市外に転出している場合は，連絡先だけ教えてもらう対応としました。さらには，貸出中の資料の汚破損への対応にも備えることとしました（2.7(2)参照）。

(2) 利用者の変化

　6月1日。いざ開館してみると，震災前と震災後で貸出は4割弱の減少，予約・リクエストは6割弱の減少で，軒並み利用が減り，読書推進活動への参加者も減ってしまいました。

　一例として，常時実施している「親子で読書マラソン」(2004（平成 16）年〜）は約6割減，「絵本福袋」(2001（平成 13）年試行，2008（平成 20）年から本格実施）は約7割減，学級文庫（教材用図書，貸出1か月間・100冊）(2001（平成 13）年〜）は約5割減，乳幼児向けお話会(2001（平成 13）年〜）は約6割減といった具合でした。

　それでは，来館者が減ったのかというと，そうではありませんでした。常に館内には閲覧者がいました。避難所で対応していた頃の顔なじみの方もよく見かけました。そして，館内は息を潜めたように静かな時間が多くなりました。ふと静かになった瞬間，周りを見渡すと，利用者がいないわけでは

ありません。静けさの中に必ずいます。

　その理由を考えてみました。応急仮設住宅は狭くて壁や窓が1枚で薄いため，隣の住民の会話や物音が筒抜けになります。夏は暑く，冬は寒い仮の住まいです。自分の世界に入れる場所，落ち着ける場所，紙をめくる音以外何も聞こえない場所を，利用者はあのとき求めていたのではないかと考えます。

　その一方で，被災地の読書支援活動として行われるおはなし会や，全国からの好意で行われる科学遊び，ミニコンサートや読書講演会，人形劇や演劇はにぎわいを見せました。特に仮開館間もない頃は，まちや市民が災害復旧の最中で，生涯学習や読書活動の優先順位を問われるクレームが出るのではないかと緊張したものです。しかしそれは取り越し苦労で，実際にはクレームはありませんでした。

　『やさいのおなか』で知られる，絵本作家のきうちかつさん率いる「あそびの達人」による「おみせやさんごっこ」，歌やあやとりのワークショップ。熊本県の観光大使でもある進藤久明さんは，被災地支援活動として住宅の泥かき作業をする合い間に，図書館で新曲披露などのライブを開いてくれました。どれもにぎやかで，みんな楽しんでいました。中には，「久しぶりに歌を聞いた。涙が止まらない」という人がいて，それにつられて涙を流す人も多数，そして，笑う。騒がしい，うるさいなどは窓口に寄せられませんでした。微笑ましくもあり，救われている感がありました。

　このように，静と動といったメリハリは，幸いにも被災地支援のおかげでした。好意の支援，子どもたちが元気になるための活動，考えてみればクレームが出るはずがなく，余計

な取り越し苦労でした。私たちに喜びと元気を与えてくれて，感謝以外ありませんでした。

5.2 震災関連での利用　特徴・傾向

　仮開館から半年間くらいの図書館利用における震災関連の特徴と傾向としては，次のようなことがありました。
　まず，電話帳は自宅の補修やリフォームなどで必要な事業者情報が獲得しやすいこと，また，関連情報が掲載されていて，機能的でもあることから重宝がられ，メモを片手によく調べられていました。
　住宅地図については，津波で被災してすべてを失ったので，自宅の記念・証として，地図のコピーを手元に置きたいという夫婦が利用していました。また，親類の家に行く予定だが，津波ですべて流されて，位置が確認できないという理由での利用もありました。この背景には，市民のほとんどが津波で車を失い，買い替えた中古車の車載ナビゲーションのデータは古くて当てにならないといった状況がありました。
　インターネット開放端末の利用においては，震災関連の各種手続きの最新情報を入手するために活用する人が多くいました。また，震災当時の状況の閲覧が多く，時には，データ容量が重すぎてパソコンがフリーズすることもありましたが，そのようなハプニングも，時間の経過とともに減少していきました。
　この他，道路地図，住宅リフォーム，塩害による植木の再生方法や土壌改良のやり方，震災により特異な状況の場合の葬儀方法や手続き，支援いただいた方へのお礼状の書き方，

写真集や記録集といった東日本大震災関連図書などが特徴として，多く利用されました。

　余談になりますが，地元の本屋では，津波で流失してしまった各種申請書類やお礼の手紙を書くためなどで国語の辞書類，写真集などを世話になった人や親類に送りたいと震災に関する本を買い求める客や取り寄せの要望が高かったと，定期購読雑誌を配達に来たときに教えてもらいました。

5.3 家庭の読書環境の復旧－個人への「来館型無償配本」

(1)　「来館型無償配本」の実施

　東松島市では住宅地の 65％ が津波により浸水しました。市民が所有していた本も相当数が被災しているはずです。貸出を増やし，震災前の図書館利用を目指すことも大切ですが，市民の読書環境の復旧を目指すことが先決だと考えました。とすれば，手段はいろいろあってもよいと思い至り，来館型無償配本に取り組みました。今思えば，震災が発生した年度の貸出減の要因の一つとして，無償配本の影響もあるのではないかとみています。

　来館型無償配本は，先に紹介した5月5日の「子どもの広場」における「青空リサイクル」を皮切りとして，夏と秋に実施しました。この他に天気がよければ，図書館玄関前で会議用机 2～3 台とブックトラックに本を並べ，「来館型無償配本コーナー」を設置しました。返却不要で，読書方法の選択肢が増えたこともあり好評でした。中には，館内で閲覧し，好きな本を選んで持ち帰る人も多数おり，家庭内の蔵書復旧と充実にひと役かっていたと思います。

参考までに，当館では以下のルールと流れで来館型無償配本を行っていました。
・収集→旧矢本町立図書館時代と同様（1.2(2)③参照）
・整理整頓→備え
　催し物当日に備えて，当日，素早く陳列が完了できるように児童書，一般書など箱ごとに分別し入れておく。
・催し物→告知・周知
　市報やホームページ，新聞等で「図書館まつり」として開催を周知。2週間前くらいから図書館内外にのぼりを掲げ，来館者に事前にイメージを持ってもらう。
・開催当日→レイアウト・カテゴリー分け
　児童書（読み物・絵本），一般書（小説・実用書・文庫），雑誌，文学全集・百科事典・美術全集とカテゴリーをテーブルごとにつくり並べる。
・開催当日→陳列方法
　会議用机を並べ，背を上にして書名が見えるよう並べる（机が不足する場合は，あらかじめ他から借用して対応）。ただし，机が融通できなかったときには，段ボールを本箱として使用。書名が見えるよう縦入れして床に並べる。
・開催中から片づけまでの注意事項
　整理整頓係を配置。外での開催なので熱中症などを考慮し，時間制で交代する。また，本が少なくなってきたら平置きして，できるだけ手に取って持ち帰ってもらえるようにすることで片づける時間を短縮していく。

(2) 無償配本も工夫次第

　これは，余談となります。こんな経験もしました。

東松島市と同様に被災した自治体（震災前から図書館を設置していた自治体）を車で通り，図書館に立ち寄ってみたときのことでした。たまたまイベント（祭り）が開催されていました。その中で「無償配本コーナー」がありました。百科事典や文学全集はあまり見当たらず，本自体は古くなく，内容や装丁も悪くありません。しかし，本が持ち帰られている様子はなく，人はまばらに来る程度です。なぜ，無償配本に人気がないのか。何が原因か考えてみました。

　まず，欲しくなる，読みたくなる，選びたくなる気分を誘う陳列ではないと感じました。段ボールが何段か積み重ねられ１か所にまとめられ，箱が開かれて，ただ置かれている状態でした。案内のサインが乏しいこともあげられます。本の乱れを直すスタッフもなく，見る人が少ないにもかかわらず，時間の経過とともに本が散らかっていくばかりでした。

　訪れる人を観察してみると，入れ替わり立ち代わり人は来ます。しかし，本をながめて，かき分けるに止まり，滞在時間も短く，本を開いて内容をパラパラ見る，選ぶ様子が見られませんでした。

　これは地域や自治体のこれまでの読書活動への取り組み，図書館設置の有無，家庭・個人での読書環境が大きく左右していることによる結果ではないかと考えました。

　経験から言えることですが，幼稚園の遠足や小学校の校外学習で低学年等が図書館に来館することがあります。その中で，図書館がまちにある子とない子では，利用方法や本を選び出す力，さらにはおはなし会での読み聞かせの反応が違うと感じることがありました。感覚的なことですが，このような場面でバロメータのように出てくるのだと思いました。

5.4 小学校へ配本,巡回図書も再開

1.2(3)の中で,小学校への「巡回図書」について書きましたが,震災当年度は実施しないこととしていました。理由は,震災により2校が津波で全壊,1校は総合支所の庁舎3階を急きょ学校として活用,もう1校は間借りで一つの校舎に2校が入り,いずれも手狭だったからです。

水に浸かった校舎は改修が必要ですが,とりあえず清掃をして新学期に対応しており,プレハブ建設後には,塩害による施設改修のため引っ越しが必要となります。配本すると荷物が増えて負担になることが予想され,また何かと忙しい状況が目に見えていることからの判断でした。

しかし,仮校舎が狭くても,校舎改修により引っ越しがあるにもかかわらず,5月上旬あたりから,先生方から「できれば巡回図書の配本をしてほしい」という要望が届くようになりました。その理由は,震災により校庭に応急仮設住宅が建設されるなど,子どもたちが外遊びできず,気分転換に必要だからとのことでした。

図書館側としては,上記の遠慮と気遣いをしていたことに加え,巡回図書まで手がまわるかどうか自信がありませんでした。しかし,先生からの多くの声に背中を押されました。継続は力なりで,こんなときだからこそ対応するべきと,スタッフ間でも意見が一致しました。ただし,無理は禁物とし,例年であれば,学期ごと1回ずつの年3回配本していたところを,震災があった年度は年2回の配本とし,翌年度からは震災前同様の年3回配本としました。

配本を6月と決めて,さっそく準備に入りました。その間

にも配本を希望する声があり，予想外の反応でした。被災した学校へは個別に対応し，これまで1クラス100冊としていたのを，手狭な校舎へは各クラス50冊としたり，通常は学校玄関前までの運搬を，教室まで届けるなど，学校との協力関係で状況に合わせて実施しました。

　配本先では，先生から「ありがとう」，「待ってました」，「子どもたちも喜びます」とうれしい声をかけられました。一方で，総合支所の庁舎3階にある仮校舎への運搬を先生たちと一緒にしたときのこと。元々は校舎ではないため，空調がうまく働かず空気がこもっていたり，1部屋を2教室として使うため，ベニヤ板などで簡単に仕切っており，隣の授業の声が聞こえる環境だったりという状況を聞きました。図書館ができる限りの対応をしようと，考えを新たにしたものでした。

小学校への配本図書　積込作業

6章 通常開館(7月から)

　次第に大きな余震がなくなってきました。

　宮戸島などでは一部がまだ不通でしたが，市内のライフラインもだいぶん復旧してきました。これらに加え，施設の災害復旧の復興費措置が，この夏のヒアリングにおいて国からも認められ，図書館の改修工事が2012（平成24）年3月12〜20日実施と決まり，目処がついたので，7月1日から通常開館していくこととしました。

　また，「来館型無償配本」と平行して，7月から「出張型無償配本」をスタートしました。これは，来館が難しい，応急仮設住宅住まいで，交通弱者になりやすい子どもや高齢者が本を手にできることもねらいとして取り組みました。

6.1 自動車図書館で配本する

　7月12日。

　熊本市の好意で，無償貸与の自動車図書館が到着しました。2千冊以上の本，横断幕や熊本市内の小学生がつくったしおりとともに，震災からの復旧・復興への思いが，たくさん積まれてやって来たのです。贈呈式（貸与式）が行われ，幸先のよいスタートとなりました。

(1) 自動車図書館を動かす

　さっそく自動車図書館に，全国から寄贈された本を積みます。事前に準備したテーマソングが流れます。巡回計画，応急仮設住宅の担当課への事前調整，文書での決裁も完了しています。広報は，市報や新聞・ホームページ等で周知が完了しました。この他に，震災により子ども会活動の停滞を読書から打開するため，チラシ（参考 5 参照）をつくり，ステーションを募集しました。担当課経由で配られたチラシを片手に，保護者から「まだ，大丈夫ですか」とステーション設置の申し込みがあったり，「電話でも大丈夫ですか。仕事でなかなか行けないので」などの問い合わせがあったりして，日程調整が整っていきます。後は，走って届けるだけです。

　しかし不安がありました。マイクロバスを改装した自動車図書館なので，車体が大きいのです。さらに，誰も自動車図書館を運行したことがありません。経験ゼロです。本などからのイメージに頼り，見よう見まねです。とにかく安全運転第一，バックするときは必ず二人三脚での誘導を鉄則とすれば大丈夫。何度か試験運転をするうち，廃棄本や新聞のリサイクルセンターへの運搬，巡回図書の市内小学校への配本でのトラック運転の経験が活かされ，コツはすぐにつかめ，後は実践あるのみとなりました。

　ここは，あえて気持ちを大きくして書かせていただきます。この震災で得た経験です。不安は，やらないから不安なのであって，はじめると不安は消え，新たな課題はあるものの，大概は何とかなる。やらないからできないのであって，やれば多少なりとも結果は見込める。その過程や計画を進める途中には，思いがけなく救いの手があるものです。それは人で

あったり,運であったりします。とにかく,「やってみよう精神」をこの震災で得ました。

出張型無償配本　熊本市の自動車図書館初運行

出張型無償配本　宮戸島にて

(2)　運行状況・出来事・出会い
　① 応急仮設住宅にて

　自動車図書館での配本は夏から秋にかけて実施し,延べ40か所以上を訪問することができました。応急仮設住宅への訪問では,高齢の女性がうれしそうに「こんなに選んだら,学者になってしまう」と笑われ,こちらも笑い返したこともありました。子どもたちは「本当にもらっていいの？」とうれしそう。この他にも,「礼状を書きたいので辞書は」,「寝る前

に絵本が読みたい」,「かいけつゾロリはある？」と,それぞれ思うままに選ばれていきました。

② 移動中,災害復旧車両との出来事

あるとき(確か8月でした),自動車図書館を運転中の出来事でした。ダンプカーと並んで信号待ちをしたときのこと,ダンプカーの50代くらいの男性運転手が,こちらを見て「にやり」とします。

間がある,「何,何をする気？」と不安になる。でも,窓があって互いに距離はあるから安全。すると,こちらの全員がその運転手を見たことを確認すると,おもむろに,A4判のコピー用紙にラミネート加工してあるものをこちらに見せる。「津波,おだづなよ（ふざけるな）」と書いてある。思わず,3人で爆笑。たぶん,熊本ナンバーだったので,ダンプカーの運転手は我々を県外の人と勘違いして感謝を言いたかったのでしょう。それは,悪路と慣れない土地でも「笑って進もう。そんな悪路でも,笑えばなんてことはない」とリラックスさせたかったのだと思います。復旧・復興に向けてみんなで奮闘しよう,「めげないで,とにかくやろう」と運転手から元気と喝をもらった瞬間でした。

③ 子ども会行事など

子ども会行事で呼ばれたときは,驚きばかりでした。津波による床上浸水地区だった小学校に行ったときのことです。自動車図書館が着くと,一気に100人近くの行列ができ,車内はすし詰め状態。しかも少年野球の練習の合い間だったらしくユニフォーム姿で選ぶ子,「こんなに選んじゃった」と誇

らしげに見せる女の子，「津波で全部だめになったけど，楽しみが一つできた」という子。帰り際に「子ども会行事は，今年はやめようと思ったけど，こうして子どもたちの喜ぶ姿を見ると助かりました」と，保護者からも感謝されました。

　また，内陸部に行ったときのこと。ラジオ体操が終わった直後に来てほしいとのことで，朝7時30分の予約でした。でも，行ってみると誰もいない。「あれっ，場所を間違えたか」と思い確認するも，間違いはありません。ほどなく，子どもや付近の住民が来て好きな本，読書感想文用の本を選んでもらい，申請された保護者からも感謝されました。そして，図書館の開館時間になるからと任務終了で帰館しました。

　さらには，こんなことも。土曜日の夕方に来てほしいとの依頼で，こちらも遅ければ遅いほど助かる旨を伝え，閉館後に車を回しました。すると，子ども会のバーベキュー大会と自動車図書館の絵が完成し，何でもありとその日の担当同士で，笑いながらの出来事でした。撤収時の片づけの際に「ご苦労様」と，焼き鳥と焼きそばのおすそわけが車にいつの間にか積み込まれていて，その感謝の表現に思わずうれしさを覚えました。

(3)　道路事情を振り返る

　備忘録的に振り返ってみると，自動車図書館の道中では，ダンプカーの運転手との出来事以外にもドラマがありました。それは道路事情でした。

　東松島市では55cm地盤沈下しました。ちなみに東北全体では，1m沈下したところもありました。このため海水が浸入し，津波による堤防破壊もあり，沿岸の土地や道路が海に

沈み流失し，道路は仮復旧の状態でした。天気予報で「太平洋沿岸に出される高潮注意報」が発令されたときは，道路が水没し，走行困難な箇所が発生しました。

　特に潮位や雨の影響にも大きく左右されます。大潮での満潮時は，海水による浸水率が高くなり，さらに深刻な状態となっていました。また，復旧工事車両の通行も多い状況です。ガードレールはもちろんなく，脇はすぐ海で，対向車とすれ違うときには緊張が走りました。

　津波で家が流された地区にはほぼ民家はなく，内陸や高台に応急仮設住宅地ができています。しかし，そこへ向かう途中は，悪路の通過を余儀なくされていました。石巻市のある地区では，津波で被災した畳が，車のスタック防止として，道路に敷かれていました。東北沿岸ではこうした不安があり，特に本市では，橋でつながっている宮戸島へ向かう際，満潮時には海に沈む道しかありませんでした。

仮復旧前，満潮時に浸水していた道路を走行

　しかし，幸運にも7月には，生活用の道路が整備され改善されました。片側通行の水たまりができやすい砂利道も解消されました。それでも，満潮で水位が高いときは，水たまり

の浸水走行となりました。

　私たちよりもっと大変だったのは，住民や学校の先生たちです。震災から約4か月間は，潮の満ち引きでまったく道路を通過できなくなり，状況を確認しながらの不便な生活を余儀なくされていたと，巡回図書の配本時に聞かされ，労をねぎらう言葉しかありませんでした。

(4)　自動車図書館（出張型無償配本）の終了

　自動車図書館は，配本での活躍以外にも，11月から始まった「小さな図書館」（応急仮設住宅集会室の図書コーナー）設置のための運搬作業など，読書環境の復旧・復興にも奮闘しました。しかし，今後の予算・人的措置などを考慮すると，この先の継続は難しいと判断し，11月下旬をもって終了となりました。約5か月間，走行距離は1,700kmとなりました。

6.2　震災に負けない読書による思い出づくり(7月から)

　津波で思い出の写真をなくした家庭が多いことを思うと，新たな思い出づくりが必要だと感じていました。また，本との出会いのはじまりは，このお気に入りの1冊からということ，そして，これまで支援していただいた全国の方々に，東松島市の子どもたちが元気で，大好きな1冊とまた出会えたことと，ここまで元気になれた報告を発信したいと思いました。8月に入って，ポスターをつくり見てもらいたいと考えるようになりました。

　しかし，市には予算がありませんでした。「Amazon東日本大震災応援サイト」からの支援を通じて，お近づきになった

人たちが幾人かいます。その中で「小さいころ私も図書館にはとてもお世話になりました。少しでも足しになれば幸いです」と賛同してくれた横浜市の女性，仙台市の紙芝居作家のときわひろみ氏が，相談に乗ってくれたおかげで，ポスター制作が実現可能となりました。

(1) ポスター作成から完成まで

さっそくモデルを 1 か月間募集しました。前例として，2010（平成 22）年度，子ども読書活動推進計画策定時に，同じ趣向でポスター作成に取り組んだことがあり，市民も心得たものでした。そして，前回同様，条件は子どもと自分のお気に入りの 1 冊としました。そしてこのときは，元気発信の願いをこめて，撮影時には「満面の笑み」を追加条件としました。

自動車図書館の移動先で，図書館でのモデル撮影会を実施しました。お気に入りの場所で本と一緒の決めポーズなど，自分で撮った写真の持参も歓迎です。その結果，親子も含めて 91 組，100 人以上がモデルとなり，120％笑顔のポスターが 10 月に完成しました。

モデルになった子は，うれしそうにポスターをもらっていきました。そして，「ほら！　○△□ちゃんも写ってる」と，カウンター越しに，まるで『ウォーリーをさがせ』を楽しむごとく，目を皿のようにして，楽しい親子のやりとり，友だち同士の会話が響きました。その喜びを持ち帰り，家庭での会話とスキンシップの一助としたり，写し出された本をみんなで共有して読んだり，読んでもらったりしてほしいと思う瞬間でした。

(2) 「マイブック笑顔プロジェクト in 熊本」

　熊本市には，行政から市民まで，多岐にわたり支援をいただいていました。2012 (平成24) 年，その熊本市の自治体支援として，ありがたい申し出で，思わぬ方向で新しい事業が可能となりました。

　その中で「希望のツリープロジェクト」[1] (詳細は当館のホームページをご覧ください)でコーディネーター支援をしてくれていた「熊本ファッションストーリー実行委員会」事務局長の原幸代子氏に，ポスターについて相談したところ，原氏はこちらの希望を熊本でも検討してくれると帰っていきました。その後，協力企業のツカサ創研につなげていただくなどして，熊本市では「マイブック笑顔プロジェクト in 熊本」として，実行委員会が発足しました。東松島市では図書館が窓口となり，同年2月からポスターモデルの募集を開始しました。

　熊本からの「頑張って！」と東松島からの「ありがとう！」のエールの交換，自分の好きな1冊をお披露目しあい，本の楽しさを知ってもらうこと，本でつながりをもってもらうことをねらいとして，半分は熊本の子どもたち，半分は東松島の子どもたちをそれぞれ募集しました。

　パワフルにも，合計400人近くの子どもたちの参加でポスターが完成しました。また，両市の市長や副市長なども入り，夢のある読書週間に向けて同様に進めることができました。

6.3 被災地支援に「ありがとう」(感謝)を発信

　たくさんの支援。
　多くの励ましの手紙や言葉。

これらをどう市民に図書館として発信していくか。
　仮開館以降から，支援者の「見える化」に心がけました。というのも，一人で復旧・復興しているのではないことや，多くの人たちに支えられていることに気づき，孤独感から抜け出せるようになればと考えたからです。余裕がない震災直後から少し時間が経ったこの時期，支援とともに届いたメッセージを見てもらうことで，感謝を新たにすることが必要だと考えました。一方で，支援に対する慣れ，当たり前の気持ちが芽生えないようにという思いもありました。

(1)　心あたたまる支援を市民に伝える

　図書館の入口に，支援者からのメッセージを市民の目に触れるように設置しました。来館者が見入り，カウンターでは「図書館にもたくさんの支援があったんだね。私も，家が被災して，泥出しをしてもらった。ありがたいですよね」という会話も生まれました。また，図書館の建物はそれほど広くないため，一度に貼りきれなかったので，メッセージを定期的に入れ替えています。これが功を奏して，貼り替えるたびに見入る人が多くあり，支援は尽きることがないこと，忘れてはいけない恩を発信していくことができました。

(2)　支援者にお礼を発信していく

　このほかに，白地のシーツを何枚も購入し，「これまで支援をしてくれた人たちにお礼を書こう！」と市民に呼びかけ，「子どもの広場」，夏まつり，図書館まつり，自動車図書館の訪問先で「感謝の寄せ書き作戦」を展開しました。
　みんな，一所懸命に書く，描く。文字を書けない子は丸や

点々，少し大きな子は似顔絵を描いています。小学校中学年くらいの女の子は，ゆっくり丁寧に，待っている人をおかまいなしで書く，描く。その姿は微笑ましいものです。また，大人は身の上の辛かったことを，スタッフにしきりに説明しながら感謝を書きます。みんなお礼を言いたくて仕方がなかったのだと，催すごとに実感できました。そして，用意したシーツはどれも，あっという間に埋め尽くされていきました。

(3) 感謝の気持ちを何とか形にして届ける

当館の「布絵本ボランティア　フェルト」からは，活動できるメンバーが集まってきました。支援者や図書館がお世話になった人たちへのお礼として，6月ごろから市のマスコットキャラクターのキーホルダーをフェルトでせっせとつくっています。他の作業にも協力できると積極的な申し出があり，支援者にお礼として贈ってほしいと，図書館玄関前にあるラベンダー畑で収穫した大量のラベンダーをドライフラワーにして，ポプリづくりに励んでいます。

図書館職員は業務の合い間に寄せ書きとポプリをセットにして，コツコツと発送します。市民への情報発信ばかりではなく，時として，市民の願いや思いを集め支援者に届けます。

人からいただいたときには，「ありがとう」を言う，基本的なことが少しはできて，みんなで肩の荷を少し軽くすることができました。被災地や図書館の自己満足かもしれませんが，何とか想いを形にできた瞬間でした。

6.4 Amazonを通じた国内外からの支援

　Amazonを通じ，5月23日から支援のお願い（要請）をすること数か月。支援者の傾向としては関東の方々が多いものの，北海道や九州など，全国から支援がありました。また，世界に住む日本人からも支援していただきました。アメリカ，ブラジルと，多様な地域からの支援に感謝せずにはいられませんでした。

(1) 支援者からのうれしいメッセージ

　届いた箱の中には，本の他に支援者の明細が同封されています。その明細には，字数制限のあるメッセージ欄がありますが，一言添えてくれる人たちがいました。

　「応援しています」，「少しですが子どもたちに楽しんでもらえますように」，「東松島市の図書館で本を求めていることをネットで知りました。わずかばかりですが，どうぞお使いください」，「私も読んでみたかった本です。楽しんでもらえたらと思います」など，うれしいメッセージを贈ってくださる方もいました。

　中には，こちらがアップした支援物資以外に「ギフトカード」が同封されていたり，「アップしにくい希望図書を買ってください」と逆に気遣われる支援もありました。お礼を書こうとしても住所を伏せている方，ニックネームで素性を明かさない方もいて，その計らいに，感謝以外の言葉はありませんでした。

　このように，Amazonから届く本に勇気づけられ，元気づけられました。これらに同封のメッセージをスタッフだけで

納めておくのはもったいないので,無記名にして,ハート形の紙にはめ込み,館内に「Amazon 支援サイト」の支援本コーナーを設置,市民に見てもらうこととしました。

(2) お礼のメッセージを発信する

希望する本が贈られてくることのうれしさを共有・共感して,市民に「支援をしてくれた人たちにお礼を書こう!」と呼びかけ,用紙とペンを設置しました。すると,「えほんありがとう」,「ありがとうございます。大切に読ませていただきます」などと,感謝のメッセージが集まります。善は急げと,少しでも早くまとめてホームページにアップします。支援者の方々に見てもらえるように,Amazon にも図書館ホームページ内の感謝のサイトをリンク,住所や名前を未記載の方にも,何とか見てもらえるよう工夫しました。

(3) Amazon を通じていただいた支援

支援をいただいた方々は,震災当年度と翌年度で,延べ 1,491 人(実人数 940 人),図書は約 1,900 冊にも上りました。支援をいただいた図書は,応急仮設住宅集会室の図書コーナー「小さな図書館」,津波で被災した市民センター配本所,学校図書館整備支援事業「サマーサンタクロース作戦」において,市民の個別要望に細かく対応するため,活用させていただいています。この場を借りて感謝申し上げます。

6.5 無邪気な出来事　おはなし会の中から

7月のおはなし会再開に続き,8月には乳幼児向けのおは

なし会を復活しました。9月に入ると20組以上が参加しました。開催時間5分前になると，親子の拠り所，スキンシップや新しい子育ての発見，思い出などの1冊を，震災前のように求める姿が見えるようになってきました。

　そして，いざ，スタート。

　読み聞かせの合い間に，手遊びやわらべ歌をすると，無邪気な子どもたちの笑顔と笑い声が再びこだまするようになりました。いつもお決まりでやることがあります。幼児教育者の藤田浩子さん直伝の，大人のお膝に子どもを乗せてリズミカルに上下に膝を動かすふれあい遊び，「どうどうカウボーイ登場」です。『おはなしおばさんのふれあい遊びギュッ』（おはなしおばさんシリーズ2，藤田浩子編著，一声社，2001）に載っています。

　また，「楽しい」を合い言葉に手遊びの「ウルトラマン」，最後の一節，子どもを目一杯リフトアップします。母親の元に再び戻れる喜びを子どもに伝えたいと思い，繰り返し行ってきました。自分にとっての十八番。汗だくになるものの，唯一癒される瞬間は，震災前と変わりませんでした。

　そして，会の終了後には決まって，自分と子どもの距離がどれだけ縮まったか実験します。両手を差し出し，拍手をして「さあ，こい！　くる？　こないか？」とジェスチャーしてみせます。震災前は，もじもじとする子が多く，人懐っこい子は何となく手を前に出してきました。でも，大概はNGでした。しかし，不思議なことに震災後は，両手をきれいにピッ！と出す子がいて，人見知りが少なく，無邪気な子が多くなりました。

　多分これは，多くの市民が避難所生活を経験した結果と考

えます。子どもはいろんな人から抱っこされ，抱っこされる喜びを知り，さらには，考える間もなく反応に関係なく，機械的に流れていくテレビやゲームとは違い，表情をみつめられながら発せられる言葉は，心地よく楽しいということを学んだのだと思います。一方で，子どもたちは避難所暮らしの人たちに無償の癒し，希望，元気を与えてきたことでしょう。

　この悲惨な震災の中で，せめて，そうあってほしいという願望をこめ，子どもたちには無邪気に育ってほしいと考えるばかりでした。

6.6　図書の被災・返却・督促（8月中旬から）

　「返却（督促）お知らせ」の電話をかけ始めたのは，2011（平成23）年のお盆以降でした。その時期まで待った理由は，返却の遅れはさまざまな心情や事情からだろうという配慮からでした。督促という言葉は使わず，「図書館開館，利用再開のお知らせ，利用を待っています」を全面に出して電話をかけ，合わせて借りている本の状況確認をするという形で行いました。

　その結果，「ありがとう」，「再開をはじめて知った」という声が返ってきました。その一方で，「家が全壊して，市外に転出しました。残念だなあ。もう利用は不可なんだよね」という回答もありました。身の上を電話越しに話し込まれ，これまでのお礼も言われ，お互いに理解を深める場面もありました。また，ひと通りのやりとりの後，返却について切り出すと，借りた本も被災して返却が不可能なパターンも多くありました。

返却ができなくなった主な理由は，「借りた資料を自宅で保管中，津波で駄目になっていたが，連絡ができなかった」，「住居の復旧に追われていて，返却や連絡するのを忘れていた」，「借りた資料を返却しようと車に積んでいたら，津波で被災しだめになった」，「あまりにも被害がひどすぎて気持ちが前に進まず，そのままにしていた」，中には，家族が電話に出て「本人が亡くなり，資料は行方不明となってしまった」と答えられたこともありました。

　この電話連絡については，通常の督促連絡とは違い，担当者の精神的負担を考慮し，1日の連絡件数の上限を決め，臨機応変に時間設定をして対応しました。

　そして，この電話での結果や，来館での届け出などをもとに，返却不能の本は文書を起案し，決裁後に廃棄の事務処理をしました。

6.7 花育と図書館

　東松島市民で図書館を利用していたけれど，被災して仙台市に転居した高城拓未さんは，震災後もご夫婦，友人たちと，図書館まつりなどでボランティアとして協力くださっています。

　2011（平成23）年夏，その高城さんから1通のメールが入りました。農業の取材を中心に取り組んでいるフリーライターの高倉なを氏（以下「高倉氏」）が主宰する「花育キャラバン隊」として，秋の図書館まつりで「花育」を実施したいとのことでした。

　幾日か過ぎ，高倉氏が東京から，交通事情が悪いにもかか

わらずひょっこりと来館されました。花を自由に選んで自由に思うままに生けてもらう「花育」について，これまでの取り組みと提案をいただきました。そして，詳しい内容を後日，メールでいただき，拝見しました。添付の企画書を見ると，被災地に元気を届けるだけでなく，子どもたちが花のことを学んだり調べたりすることを通じて癒され，やさしさや思いやり，震災で忘れていた，きれいなものをきれいと感じる心を思い出させてくれる，ありがたい企画でした。

　そして，メンバーは，九州，大阪，千葉，東京，岩手と全国から集まり，職業も花市場，市役所職員，研究所と多岐にわたっていました。花も，静岡県花き生産者マーケティング会，浜松PCガーベラ，千葉県松崎農園，長崎県フラワーガーデン寺尾，石巻市桃生ガーベラ部会，JA信州諏訪などと，季節に合わせて全国から届けられる好意の固まりでした。

　10月16日，図書館まつり。

　高倉氏をはじめとするメンバーが「花育キャラバン隊」として来館，子ども300人を対象に，以下の内容で3回に分けて開催しました。

① 花器づくり→牛乳紙パックとペットボトルを使って工作。「NPO法人CFF」[2])に，ハサミや糊の使い方などサポートをいただいて制作する。
② 花の産地や特性を知る→どこからやってきたのか，花の特徴や種類などの説明を受ける。
③ 花の生け方・お世話のポイント→花を生けるときの切り方などの説明を受ける。水換えのとき，ガーベラは花瓶いっぱいにすると，水に触れているところから腐食することなどを学ぶ。

④　生けてみる→子どもたちは好きな花を，思うままに自由に選択。自身で思うように生ける。
⑤　花育ノート→自分が生けた花をスケッチ，生けた花の名前，花について知ったことなどを記入する。

「図書館まつり」での「花育キャラバン」

　私自身，花は枯れやすく，鮮度管理が難しいのではというイメージでしたが，生活・気持ちの中でゆとりがなかったことを，はたと気づかせてくれた活動でした。そして，花の香りがただよう中，参加者が花にさわり，うれしそうに花を生ける姿が多く見られました。

　感謝の寄せ書きコーナーでも，久しぶりの花に喜ぶ声，祖父母の家にプレゼントするなどと声が寄せられ，本来，人が持っている優しさが，花によって思い出されたり，育まれることがわかる瞬間でした。

　以後，高倉氏率いる「花育キャラバン隊」は，3月（東日本大震災の月）と10月（図書館まつり）の年2回，2015（平成27）年までに10回開催されました。回を重ねるごとに認知度は上がっています。

また，人的活動支援として，小高香氏（埼玉県），船越友美（(株)なにわ花いちば），長鈴実紀子氏（岩手県），粟井晶子氏（東京都）など，多くの方が親身になって来館してくださいます。距離が遠くても，花が引き寄せる力は大きく，気持ちの遠近感を錯覚するほどです。

　花育について詳しいことは，『実践マニュアル＆レポート 花育ハンドブック』（農耕と園芸編集部編，誠文堂新光社，2014）をご覧ください。

注

1) 希望のツリープロジェクト：熊本市にある崇城大学の学生が，東日本大震災被災地である東松島市の子どもたちへ向けて，4mほどある鉄製のクリスマスツリーに学生手作りのプレゼントをのせて贈るプロジェクト。その展示先とプレゼントの配布窓口に，市内で一番子どもが集まる場所として図書館が選ばれました。
2) NPO法人CFF：フィリピンやマレーシアを中心に，世界の子どもたちの就学支援や青少年教育の活動をしている団体で，震災直後から東松島市の支援をしていただいている団体。特に，金須健氏，鈴木沙彩氏，福田隆史氏，若田尚里氏ほかの方々は，複数年にわたり現在でも，図書館まつり，学校図書館整備などに人的支援をいただいています。

7章 「小さな図書館」（応急仮設住宅集会室等）

　熊本市の好意により借用した自動車図書館による「出張型無償配本」での活動から，応急仮設住宅では住民の居住・収納スペースが限られていると情報が入ってきていました。

　交通弱者が生まれたことによる読書活動の衰退を防止し，冬に向けて心の防寒，読書を通じたコミュニティづくりができたらという願いもこめて，集会室に図書室「小さな図書館」を設置することにしました。

　これには，10月に開催された図書館まつり，新年度予算編成の準備，新規事業としての震災関連資料の収集やアーカイブの準備と，同時平行で段取りを組んでいきました。

7.1 開館に向けて（準備）

　時は2011（平成23）年11月。

　秋の夕暮れはきれいで，日暮れは早い。

　風が時として心地よいものから，一雨ごとに，寒さを覚える晩秋。

　雪が降る前に，応急仮設住宅（以下「住宅」）の防寒対策として，断熱材の補修工事が急ピッチで進行中。それを横目に，こちらも遅れをとらないよう「小さな図書館」の準備に入りました。書架などの備品類は図書館振興財団の支援を受ける

ことが決まり、応急仮設住宅集会室（以下「集会室」）、仮設市民センターの合計11か所に、設置を進めていきました。

　本はさまざまな団体からの寄贈で、こちらの希望（具体的な書名や分野）を聞いてもらい、準備を進めることができました。送られてきた本は、埃、黄ばみや破れはなく、世代を越えて読まれるもので、内容が古い本でもなく、利用者の希望に応えられる本ばかりで感謝しました。しかし、料理や手芸・編み物などの実用書、推理小説・歴史小説、絵本や子どもたちに人気の読み物、漫画など、要望が高い本をすべてに配架できるまでには達しませんでした。かといって、書棚を満たせば何でもよいとすると、期待外れになるだろうと徐々に満たしていくこととしました。

　現場としては短期間勝負と、何度も自分に言い聞かせます。スタッフの合い言葉も、「達成感のある作業を目指す」でした。

　自動車図書館による配本が11月で終了となること、スタッドレスタイヤがないため、雪など天候によっては運転できなくなる日もあることから、早々に書架の設置、完成を目指してもらう一方で、図書の運搬を優先しました。このため、運搬時に終わらない装備は後回しにして、まずは搬入・配架をして開館することとしました。

　蔵書は、部屋の大きさに合わせて1か所あたり600〜2,500冊とし、配架は、本の過不足の調整を行い、時には組み直して対応しました。書架の設置から開館まで、すべてをほぼ同時平行で進めるため、まさに体当たりで実践あるのみ、の意気込みでした。

　設置の間、住民が興味津々に、どれどれと見に来ます。こちらも願ったりかなったりで、ぜひ利用してほしいとアピー

ルします。時には，短期集中の設置作業だからこそ，スタッフ間で，住民の笑顔を想像したり，どんな本を置けばよいかなどの会話をしたり，楽しんで進めていました。

　緊急雇用で採用されたスタッフも，11〜12月は週替わり・日替わりで変わる作業先の現場で，配架済みの未装備本を1冊ずつ装備していきます。装備が進むことで，次第に達成感を得ていったようで，スタッフからは自然に笑顔が漏れていきました。

　作業が軌道に乗るに従い，集会室の管理人との調整，本の運搬やスタッフの送迎，その日の作業内容や段取りは私が担当し，現場での装備や配架はスタッフに一任するようにしました。一方で，困りごとがないかと，たまに現場確認をすることにしました。

7.2 住民の反応

　住宅が狭かったり，孤独だったり，といった理由から，集会室には住民が自然と集うようになりました。そこで，スタッフと住民との楽しい会話が交わされ，距離が近くなって，時にはお茶をごちそうになったりと，微笑ましい場面もありました。結果的に，装備などの作業をオープンにしたことで，図書館の仕事を知ってもらうよい機会にもなりました。また，住民との会話から，次回の入れ替えや補充の参考にもなる貴重な本への要望も得られました。

　このように「小さな図書館」のスタートに向け，市民の反応はまずまずでした。その一方で，作業を少し頑張りすぎて時間が長引いたときは，宿題指導の支援と会場がかちあって

しまったこともありました。児童の宿題時間と重なったときは,「ごめんね」と作業を潔く終了しました。

　書架の設置,本の大まかな装備・整理・配架を,何とか年明け前に完了しました。2012（平成24）年1月からは,業務の合い間を見て,全国からいただいた本を持って各施設を回り,本棚の乱れ具合や貸出される様子など利用状況を見ながら,本の補充や整架などのメンテナンスを実施していきました。

7.3 時間の経過とともに変わる利用の様子

　ある「小さな図書館」で本の入れ換えや要望を聞いたところ,こんな希望をいただきました。「編み物の本が欲しかったけど,書架を見たら1冊もなかった。残念,なんでないの？」そこで,ちょっと踏み込んで理由を聞いてみました。「支援物資で届いた段ボールの中に,毛糸と編み棒が入っていたんだけれど,編み方が同封されていなくて,思わず『小さな図書館』にきてしまった」とのこと。こちらとしても,その場によい本がなく,すごく残念に思い悔やみました。以後,改善策として,「図書の希望」箱と用紙を設置し,各館を回ったときに回収し,できるだけ個別対応をとれるようにしました。

　この個別対応に応えられたのは,主にAmazonや図書カードによる支援でした。また,事前に要望を把握できる強みもあることから,東京羽田ロータリークラブ,ニューヨーク補修授業校W校などからのありがたい支援の希望にも,待っていましたとばかりに,欲しいものをすぐに伝えることができました。

　他にもいろいろな要望が出てきました。例えば,「エコタ

ワシ（毛糸製）のつくり方の本が欲しい」という希望。聞くところによると，自立支援策として，埼玉県富士見市において，こちらでつくったものを販売する事業が計画されていました。しかし，つくり方やアレンジのアイディアが乏しいので，参考図書が欲しいとのことでした。さっそくAmazonを通じて支援をいただき，早々に本を装備して対応できました。住民からは「これ，これ」と喜ばれ利用されました。そして翌月，地元紙の石巻かほくにエコタワシが販売され好評だった記事が掲載され，少しでも縁の下の力持ちになれたこと，復興の一助になれたこと，その喜びをスタッフ間で共有しました。

　この他，市の職員が会議で集会室を訪問した際に，「ここに置いてある本はすべて読んだので，入れ替えてほしいと図書館に伝えてほしい」と言われたこともありました。そして，「図書の希望」箱には，推理小説，国語辞典，「ルルとララ」や「ミッケ」のシリーズなど読みたい本が書かれていたり，本の入れ替えのときには，幼稚園の入園バッグのつくり方，幼稚園児のお弁当の本があると助かると言われたりしたものです。また，ある仮設市民センターでは，90歳になる女性から，恋愛小説をよく読むので，今より充実させてほしいという希望があり，蔵書の内容や設置場所によって，希望が次第に具体化していきました。

　一方で，震災から2，3年目が利用や要望のピークでした。災害公営住宅の完成，市民生活の復興により，住宅入居者が減少したことに伴い利用も減っています。

　震災から4年目の春。一部の地区で入居者がほぼいなくなったため応急仮設住宅が統合され，解体されることから，役

割を終える「小さな図書館」も出てきています。住宅がなくなっていくことは、生活が再建され、復興が進んでいる証拠です。この数年で、集団移転地の造成が完成して、新居ができていくことから、「小さな図書館」も静かに役割を終えていくこととなります。

7.4 施設への無償配本

個人への来館型や出張型無償配本、「小さな図書館」の設置、学校や放課後児童クラブへの配本以外に、2012（平成24）年春から、それ以外の施設への無償配本を実施しています。

これは、好意で送られてきた支援の本を有効活用する方法として、図書館以外の身近な施設でも手に取ってもらうことについて館内で話し合う中で、館長から、病院や薬局などにも配布してもよいのではと提案があり、実現できたらいいなと思っていたことです。

私の勝手な解釈と思いなのですが、北海道恵庭市の店主さんおすすめの1冊を集めた「恵庭まちじゅう図書館」、長野県小布施町「まちとしょテラソ」の「おぶせまちじゅう図書館」のように、おもちゃ箱をひっくり返したようにまちが本で溢れ、おもちゃを触る感覚で、本を開いて、見て、感じてもらい、本との距離感を縮めてもらえれば幸福なことです。

さっそくチラシを作成しました。市内の病院や保育所、幼稚園にお知らせし、50～100冊程度と希望に応じて配本することとしました。反応は上々、病院では待合室に置きたい、ちょうど本がボロボロになっていたので助かった、などの感想とともに、本が引き取られていきました。

8章 被災地の子ども（司書の見聞）

8.1 震災が子どもに残した爪あと

2012（平成24）年1月のある土曜日の夕方。
曇り空，寒い。
仙台平野の風は強く厳しい。
館内は暖かく，利用者はまばら。
3歳くらいの女の子2人が，その場で「図書館友だち」となり，元気に本を選んでいました。ところが，急に一人が「お母さん!!」と泣き叫んだのです。一方の女の子は，何が起きたか理解ができず，きょとんとして，瞬きをするばかりでした。母親が「はい，はい」と抱き上げますが，「地震怖い」を繰り返すばかり。「ここ怖い」とも言います。どうやら，ちょうど空調のスイッチを入れた瞬間で，音と振動を地震と勘違いしたらしいのです。地震への恐怖心がまだ消えない子どもを見た瞬間でした。

ここでは，震災以来の子どもの利用・行動を振り返ってみます。感慨深い行動を，これまで何度か見聞してきました。これは日常茶飯事でもなく，被災地すべての子どもに起こったことでもないことをご理解ください。

思い出すと2011年6月1日の仮開館から間もない頃は，館内を体力全開で容赦なく走り回る複数の子どもがいました。

注意すると「うん，うん」と返事をするのですが，うれしいのか聞き分けがありません。図書館の外では，自転車をビュンビュン飛ばしながら，「地震だー！　逃げろー！」と，子どもが玄関前で遊ぶ風景がありました。

　それらの理由は今となっては定かではありませんが，震災の体験談の証言や専門家の会話の中から，次のことが見えてきます。死者や行方不明者が多く，親類縁者や友人・知人を亡くしていること，多くの住民が財産を失っていること，長期間の避難所生活での遠慮，ライフラインが絶たれ，食生活やトイレ，就寝などにおいてすべて制限や我慢の連続であったこと。そして，生活再建の中で，一番弱い子どもたちは大人の様子を見ながら，お利口な子として，我慢や遠慮をして，じっとして騒がないことが大切だと考えていたこと，それがこのような形で解放されていたのだと思います。

　また，図書館での読書支援活動の中でも，子どもへの震災の影響が見えました。2011（平成23）年8月頃，民間支援による絵画講座が行われたとき，「瓦礫を描きたい」とつぶやき，黒いクレヨンで丸をたくさん描く子がいました。そして，被災地支援の感謝の寄せ書き作戦などでは，マジックペンのトーンは黒色が多く，色は全体的に沈んでいたのを思い出します。

　そうした中で2012（平成24）年度から，「子どもたちへ〈明日の本〉プロジェクト　JBBY」事業の一環で，ワークショップの支援がありました。青山学院女子短期大学教授で翻訳家のさくまゆみこ氏がコーディネーターとなり，画家・絵本作家の垂石眞子氏と小林豊氏，鈴木のりたけ氏などが，被災地の子どもたちに読み聞かせをしたり，絵の描き方を教えてく

れました。小林豊氏は2012年度から2年間，来館してくれました。その活動の成果として，子どもたちの使うクレヨンや絵の具のトーンが，1年ごとに明るくなっていきました。小林氏とは「昨年とは違って色が明るくていいね」と微笑ましい会話を交わすことができ，子どもたちの心も復興してきている瞬間を実感しました。

8.2 爪あとから成長へ

図書館の出来事ではなく，図書館と接点がある団体についても，少し触れさせていただきます。

これはある放課後児童クラブでの出来事。震災から5か月経過した頃，急に「トイレが怖い」と言い出す子がいたそうです。この子は震災時にトイレにいたのでした。

あるいは，震災で亡くなった子も写っている震災前の集合写真を何かの拍子にみんなで見ても，何もなかったように亡くなった子の話が出てこないということもありました。確かに，私の息子も，震災の数日前に自宅に遊びに来ていた友人が津波で被災して親子で亡くなったのですが，まったくと言ってよいほど，そのことについての会話はありませんでした。

一方，震災の年，子どもたちは，外で遊んでいても，教室にいても，毎月11日の14時46分に，みんなで自発的に「黙とう」をするようになったそうです。1階が床上浸水したある小学校では，行方がわからない子どもの上履きが，そのまま下駄箱の上で持ち主を静かに待っていると聞きました。

これらを踏まえ，小学校での読書活動と震災の関係について，素朴にふと疑問を抱きました。何かにつけて震災に結び

つけるのはよくないのではないかと思ったのです。支援をいただくときや現状報告などのときは別として、子どもたちと接するときは、普通にすることが一番で、あえて今の段階では心情や記憶を掘り起こすこともなく、その子の希望や求めにそのまま応じた方が優しさにつながると考えました。

　「朝の読書タイム」で小学校へ出前をしている読み聞かせボランティアが、活動日誌に記入するため来館したとき、何気なく聞いてみました。答えは「これと言って変化はなく、震災前のようにお話をよく聞いてくれる」でした。しかし、普通の学校生活の中では、「障がいがある子や怪我をした子などがいると、みんなで面倒を見る姿を目にすることが多くなった」とのことです。

　確かに、こんな出来事を目撃しました。2011年11月の夕方、路上に倒れている高齢の女性がいました。瞬間、危ないと思い、あわてて近寄ろうとしましたが、その前に、中学生数人が、車にひかれてはいけないと懸命に、荷物を拾ったり自転車を起こしたり、安全な場所に女性を誘導し助けていました。私も歩み寄って、「大丈夫？」と聞いてみました。すると、「津波ですべてなくしてね。最近ここに引っ越してきたけど、何が何だかわからなくて、暗くて転んでしまった。踏んだり蹴ったりとはこのことだね」と足を引きずりながら、中学生にお礼を言って、その場を去りました。

　悲しい出来事ではありましたが、震災とその後を経験したことで、困った人を見たときは迷わず何とかしようという気持ち、見て見ぬふりをしない気持ちが、子どもの心に育っていることを見た瞬間でした。

　また、報道で知ったことですが、産・学・民・官を問わず、

震災直後から児童生徒の心のケアが行われています。具体的には、各学校において相談員やカウンセラーが配置されたり、応急仮設住宅に大学生などが訪問して、学習や遊びをサポートするなどの活動が行われているそうです。私自身、一人の子を持つ親としても、感謝せずにはいられません。

8.3 時の経過と子どもの変化

震災から4年半ほど経過した2015（平成27）年初秋、小学校で新入生を対象に震災アーカイブのワークショップを開催しました。そのとき、震災発生からの時の経過、早さを象徴する出来事がありました。震災当時、大人から守られてきた子、震災時はまだ幼くて地震の記憶が少なかった子が入学する時期になってきました。さらには、数年もすると震災未体験の子が入学することになります。

このワークショップで講師をしていただいた東北大学の坂田邦子氏、佐藤翔輔氏との会話で、記憶の風化、同じ悲劇を繰り返さないためにも、震災を伝えていく大切さ、震災アーカイブの必要性を、小学校ではたと気づかされました。時の経過の早さ、経験のない世代の誕生と記憶の風化を知らされた出来事でした。

9章 サマーサンタクロース作戦
（学校図書館整備支援）

9.1 学校図書館の整備の必要性

　学校図書館について，心のよりどころ，学習の場などとして担う役割が大きいことは，実践事例で兼ねてより言われていたことです。そして，学校図書館に関しては，それぞれの立場で震災に起因する子どもたちの心的外傷の緩和になってほしいという思い（参考7参照），学校現場では学習の場を何とかしたいという思い（9.4参照），図書館法第3条（図書館奉仕）に沿った対応をしたいという図書館側の思いもありました。

　公共図書館だから，司書だから，地域事情を知っているからできることとして，市立図書館がコーディネーター役となり，市内小・中学校を対象に学校図書館整備支援事業を実施することとしました。

　2012（平成24）年，図書館振興財団から必要品などの支援を得ることができました。人的支援は，同年夏から，市内小・中学校図書館全14校中11校（災害のため3校は見送られる）を皮切りに，協会，大学，NPOを通じて調整し手配しました。その結果，人的支援については，作業の進捗状況と学校の都合や希望に合わせて実施し，2015（平成27）年冬までに活動実日数は51日，全国から延べ669人（実人数252人）の支援を

受けています。

　物資・人的支援をしていただいた皆様に，心より感謝申し上げます。特に，人的支援の活動において，協会震災対策委員会委員の矢﨑省三氏と同行の矢﨑綾氏は連日，活動に加わってくださり，他団体への目配り，気配り，活動のとりまとめ役として支えてくださいました。そして，学生ボランティアの参加時においては，これは単なる労働ではなく，この活動を通じて震災を知り伝える人になること，今後の人生に活かせることなど，押しつけがましくなく，さりげなく身をもって指導してくださっていました。被災地の事情を理解し，配慮の行き届いた活動に感謝しています。

9.2　図書館員が見た震災後の学校の様子

　まず震災時の東松島市内小・中学校の被災状況を知っていただくと，この活動の必要性をより認識していただけると思います。

　市内14校中，床上浸水3校，全壊4校，校庭浸水3校（参考2参照）でした。津波で全壊した3校，耐震改築が間に合わず震災により全壊した1校を除く全学校が，4月上旬まで避難所となっていました。

　多くの命を避難所として救ってくれたのは学校でした。私自身が体験した宮戸島の小学校の避難所以外でも，次の出来事がありました。

　4月の新学期再開にあたり，避難者の新たな避難所への引っ越し作業に従事したことがありました。担当した学校は1階部分がすっかり浸水してしまい，消防団がポンプ車で水洗

いをしていました。洗い終わった部屋は，ところどころ泥がにじみ出てはいるものの，きれいになっていました。コンセントからは，塩分を含んだまま通電しているためか，電気分解を起こしているようで泡が発生していました。2階と3階に上がると，灯油缶や避難所本部の貼り紙，安否確認や各種情報が貼られた廊下の掲示板，そして，黒板には，避難所として使わせていただいた住民のお礼が記されていました。

　一方で，校舎は震災の爪痕を大きく残し，土足で過ごしたため床は砂と埃が一面に広がり，歩くと太陽の光でキラキラと舞っていました。そのため，マスクがないと苦しい環境で，震災時には最前線であったことが一目瞭然でした。私は学校の復旧作業担当ではありませんでしたが，考えただけで気が遠くなり，学校再開の道のりがはるか彼方と感じたことを，今でも思い出します。

　新聞や市報などから被害状況とその後の経過を見ていくと，津波で全壊した小・中学校2校は，それぞれ被災していない学校と共同利用することになりました。その後，2013（平成25）年に4校が2校に統合されました。この他，小学校1校が耐震改築計画中に震災により全壊し，2014（平成26）年に建て替えられました。

　また，津波で全壊した1校は，立地が災害発生時の安全性の問題から，震災直後より暫定的に市役所総合支所の2・3階に移転しました。その後，震災翌年の1月，プレハブの仮設校舎に引っ越し，2016（平成28）年4月に小規模校と統合，2017（平成29）年1月からは新校舎開校予定と段階的に進んでいます。また，震災から5年たった2016年現在でも，応急仮設住宅の子どもには災害対応用スクールバスで，学区外通

学の対応を行っています。

9.3 学校と図書館,これまでの関係

　ここでは,東松島市内小・中学校と図書館とのこれまでの関係について書かせていただきます。

　先例として,石巻市図書館は年1回,小・中学校図書館担当教諭との情報交換などを目的として,打合せ会を開催していました。学校との関係の大切さを考え,当館でも石巻市を参考にして,矢本町時代の2000（平成12）年頃から,市内全小・中学校を対象に,会議を年1回開催してきました。

　時期は,図書館利用をアピールするため年度初めの4〜5月とし,対象は司書教諭または学校図書館担当者で代理出席も可としました。また,出席率をよくするため,会議名を「学校図書室担当教諭と図書館の合同会議」（以下「会議」）としました。教諭への図書館利用のすすめ,図書による学習支援について,図書館と担当教諭の情報交換など,現状報告や学校図書館の取り組みについて,会を重ねていくうちに,次第に図書館が取り組むべき内容の具体性が増していきました。

(1) 使える公共図書館に

　学校図書館を支援できる公共図書館として,次の取り組みを始めました。

　資料収集としては,県内市町村の社会科副読本を各教育委員会に文書で提供依頼しました。さらに全国に葉書で依頼し収集したこともありました。また,主な出版社の教科書を継続して収集し,前年度の利用傾向を意識して年度当初に調べ

学習用図書を購入しました。これらを揃え，1クラスあたり100冊，1か月間の団体貸出を行いました。

あわせて，校外学習での図書館利用のすすめ，「図書館PR大作戦」として出前おはなし会やブックトークを実施しました。また，「危機管理トレーニング」として，図書室内で地震が発生したときの危険箇所をゲーム感覚で探す「KYT（危険・予知・トレーニング）」の実施に取り組んできました。

図書館PR大作戦・むかし話を読んで楽しもう-ブックトーク

特に，授業用（調べ学習）で使われることが多い「学級文庫」は，学校からFAXなどで，必要図書の事前依頼を受けて準備しました。「楽々パック」の感覚で利用があり，選書・貸出処理などの待ち時間がなく，忙しい先生たちには喜ばれました。年や時期により利用には波があるものの，平均年間約280回，年間1万5千冊が利用されました。

(2) 学校図書館を支える

　会議の中では，学校図書館整備について次の環境や悩みが出されました。新学期早々は先生方の転任や担当交代時期で忙しく手が回らないこと，選書や図書のメンテナンスを夏休み期間中に教諭が協力し合って対応しているが，タイミングを逃すとその後の対応が困難なこと，図書の廃棄，図書台帳の管理などでした。

　学校と図書館との連携として，教育委員会への調整を含む廃棄の手順，廃棄原簿作成や備品台帳整理など具体的な処理方法，市のリサイクルセンターへの手続方法から搬入作業までの処分方法を説明し，特に転任早々に図書室の担当となった先生には，孤立させず，ルールを知らせて，やる気をもってもらい，作業が滞らないよう対応していました。

　学校が図書を廃棄することを教育委員会に周知する際，廃棄理由については，全国学校図書館協議会の「学校図書館図書廃棄基準」を参考に行っていること，図書館司書が関与していることを述べ，学校が単独で行っているのではなく，必要に応じて図書館司書が入り選書を行うことなど，学校と図書館が連携して取り組んでいることを，文書を起案して調整してきました。

　こうした対応により，学校側でも気持ちの面と事務処理の面で，安心して作業ができるメリットが生まれ，図書館がつなぎ役となることで，信頼関係ができていきました。

(3) 学校と図書館の「つながる」というトレーニング

　学校への支援として，この地道な繰り返しを積み重ねてきました。2.6でも人や機関・団体とつながる有効性について

書かせていただきましたが,今回の震災対応の支援は,結果的に学校との関係ができていたから,ポジティブに進めることができたと考えています。

特に,子どもの読書活動の復旧・復興において,学校は学校教育の分野で復旧・復興,公共図書館は社会教育において頑張るという「大人の事情」ではなく,連携の前例,トレーニングの成果など,日頃の備えを活用し,できること,やれることに取り組んだことは,子どもにとって後々よい結果をもたらすのではないかと信じています。

9.4 学校と図書館,会議の中で

震災から1年後。

震災前のような学校との関係を再開する方法をどうするか,児童生徒の読書環境や様子はどうか,「巡回図書」の活用状況と,規模に応じた配本数の調整はどうか,図書館振興財団が2012(平成24)年度「学校図書館支援」を行うとホームページで公表するなど,話題にしたいことがいろいろと出てきました。そこで,2012年4月中旬,2年ぶりに会議を実施することにしました。

会議の中では,近況報告を兼ねて,担当教諭から以下の印象的な声が寄せられました。

「昨年度は生きるのが精いっぱいだった」,「床上浸水からの復旧のため,泥かき作業で学校を元に戻すことで必死だった」,「津波により校舎が全壊したが,仮設校舎ができるまで市役所総合支所2・3階に学習の場を何とか確保することができた。児童も,限られたスペースを速やかに,かつ有効に

使うため，時には授業，時には学年集会や全校集会が行えるように，机などの移動や片づけをテキパキとこなしてくれた」，「この新学期を迎えて，子どもたちから『本が読みたい！』という声も聞かれる。担当としては何とか応えていきたい」，「全国からの支援の一つとして，図書の寄贈があったが，整理をして子どもたちの読書や授業でも使える学校図書館を整備したい」，「津波・地震のため，学校統合・建替えを控えている中で，これまでの図書を整理していきたい」などなど。

　確かに，震災から1年が経過したといっても，地域によって，家庭によって被災状況が異なり，復旧・復興の度合いも違います。普通に通学できている子もいれば，学区外・区域外の応急仮設住宅から，市が準備した災害対応用のスクールバスで通学する子もたくさんいるのが現実です。

　一方，すべての学校ではありませんが，高台にあったため校舎自体には津波被害がなくても，周囲が被災したため，応急仮設住宅の早期建設，当面の自然災害からの生活安全面の確保のために，校庭が応急仮設住宅地となってしまった学校もありました。

　また，津波により校舎が全壊したため，慣れない，落ち着かない仮校舎で対応せざるを得ない先生たちの配慮と苦労はたいへんなものです。災害対応用スクールバスの調整や学校生活への配慮など，時間の経過とともに慣れるにしたがい，減っていく対応もあれば，学校の統合やそれに伴う閉校式・開校式，新校舎の準備など増えていく対応もさまざまあり，道のりは遠く，一つ一つ根気よく解決していくしかない状況です。垣根を越えて，連携しなければ到底達成できないことだと，この会議の中で，改めて考えさせられたものでした。

その後，会議の最後に図書館振興財団の学校図書館支援について紹介しました。申請用紙を配布し，記載事項は被災地に配慮してシンプルであることを説明しました。昨年度において当館でも申請し支援を受けていることや，学校や図書の被災状況写真を添付すると必要性を具体的に示せること，即座に査定を受けてレスポンスよく整備が可能であることなどの実例を紹介しました。しかし，話し合っていくうちに，学校の状況から察すると，学校では申請用紙を記入する時間はないことがわかりました。

　まちの図書館としては何ができるか。子どもたちがこの震災に負けず，「知・徳・体」のバランスよく成長するためにはどうするか。読書や本を心や脳を育む有効な手段の一助とするための最善の方法は何か。また，多忙を極める中，やっと声をあげた学校図書館担当教諭にどのような支援ができるかを考えなければなりませんでした。

　そこで，図書館法第3条（図書館奉仕）に学校教育の援助が明記されていることを根拠として，一歩踏み込んだ業務のやり方にしました。つまり，学校には図書にかかわる必要物品の洗い出しをしてもらい，図書館が窓口となり，とりまとめて申請を行うこととしました。各学校が図書館振興財団にそれぞれ申請書を提出し，連絡や調整で手間取るより，図書館が1本の窓口となり，学校の被災状況や会議で出された意見をもとに書類を作成して申請した方が，統一的になりメリットがあるからです。

9.5 作戦を立て,本番に備える

(1) 物資の調整（図書館振興財団への支援申請）

　各学校からは，締切に合わせてFAXで，支援要請の品目が入ってきました。しかし，1校のみは仮設校舎，共有で学校図書館を使用のため申請を見送りました。集まった要請をまとめる中で，検討するべきことが2点発生しました。

　1点目は，ものだけ揃ってもどうすることもできないこと。整備する人をどうするか，そして，先生たちには図書室を整備する時間がないこと。

　2点目は，FAXをとりまとめて疑問が浮かびました。被災の度合いは多様だが，申請対象はどこまでとするか。市内14校中，床上浸水や全壊が6校あり，校庭の浸水のみに止まった3校については今回の学校図書館整備の対象とするかでした。これは，この後の(2)にもかかわってきます。

　こうした悩み，つぶやきを図書館内で検討しました。そして，思いあまって協会の西村氏にも電話で相談しました。そして，一つの結論に達しました。

　残る5校は，津波の被害がなくても学校が震災から1か月以上避難所となっていたこと，校庭内に応急仮設住宅が建設されていること，学校の被災の度合いに関係なく震災で亡くなった児童生徒がいること，同様に親類縁者を喪った児童生徒が多数いること，被災の都合で転校・転入も多くあること，また，予算面・人的な面では，現在はハード面の復興が優先されていること，そして，残念ながら国の復興予算では，子どもの拠り所とされる図書への積極的予算措置が見当たらないこと。最後に，この震災で，全市民が被災者と言っても過

言ではない状況であること。

　以上を踏まえて，希望するすべての学校を対象にすることとしました。そして，申請書に必要な記載を済ませ，文書を起案，教育委員会の決裁後に無事申請しました。

　起案後に，悩みすぎたと後悔しました。シンプルに考えてみれば，申請書に各学校の状況を示したので，判断は支援元である図書館振興財団がするのです。ポジティブに考えた途端，気が楽になり，次の作業に入ることとしました。

(2)　支援（者）との調整（マッチング）

　5月下旬，図書館振興財団から電話があり，申請が受理され，支援のゴーサインが出ました。さっそく6月に再度，支援内容の説明会を開催すると各学校に通知しました。

　同時に，支援者の調整に着手しました。協会と県図書館に，わがままを重々承知の上で，迅速に対応すべく電話で相談しました。こちらの事情を事前に話していたこともあり，協会の西村氏と児玉史子氏が窓口となって，支援者の確保を快諾してくれました。

　そして，改めて大がかりな作業となること，日程がタイトであること，交通事情が悪いこと，復旧・復興工事で宿泊所の確保が困難であることを伝えました。このやりとりの中で，必要な人材，マッチングの条件が見えてきました。

・技術的支援者（NDC分類がわかり，目録がとれる，装備・修理ができる公共図書館経験者）
・ノウハウの指導者（小・中学校図書館の事情を知る学校図書館実務経験者）
・先導者（リーダー）

・スタッフ（学生や一般の人，図書館に関する知識の有無にかかわらない）

　特に，上記3つのいずれかに該当する支援者を希望したところ，快く対応していただけることになりました。この後，調整役に協会の吉田光美氏（以下「吉田氏」）も加わります。

　また，県図書館の熊谷氏に人的手配の相談をすると，不足した場合には作業支援はもちろんのこと，宮城県高等学校図書館司書の有志による支援を調整していただけることになりました。

　次にスタッフとして，東北福祉大学から高梨富佐氏と学生たち，「NPO法人CFF」が，「子どもたちのためなら」と快諾，石巻市開北小学校を拠点に活動している「一般社団法人プロジェクト結（ゆい）」からも，同様の協力が得られることになりました。うれしくもあり，頼れる人たちがいることで，前を向くことができたと感謝しながら，はじめの一歩が踏み出せる段取りが，次第に整っていきました。

(3) 学校との調整（マッチング）

　6月中旬までに，人的支援が必要か否か，FAXで各学校に照会しました（参考6参照）。支援内容としては，学校図書館に残す本，廃棄・除籍する本を判断する選書など専門的な知識が必要な作業と，不用本の除架や除籍のための原簿処理，寄贈図書の原簿作成・分類付与・目録カード作成・ブックコートフィルムかけといった装備などの人手が必要とされる作業が必要と想定しました。スケジュールとしては，学校の都合も考慮すると，主に夏休み期間中の実施が妥当であると判断しました。また，今回は事業を積極的に進めるために，学

9章　サマーサンタクロース作戦（学校図書館整備支援）………121

校からの指示待ちではなく，図書館からの提案型とし，それを参考にして学校からも提案があることを願って，調整を進めていくことにしました。

照会の結果，11校が支援を希望してきました。残る2校については，学校の改修時期を控えていたこと，仮校舎や仮設校舎であることから，見送られることになりました。図書館側の都合としても，後述する「震災アーカイブ」の作業が夏以降に本格化するということもあり，希望がなかった2校については後日，個別に調整をして実施することとしました。

（4） 実施に向けた学校との調整（6月の会議　状況報告と整備支援に向けて）

会議当日。この日は学校，図書館のメンバーに加え，支援団体のうち，「NPO法人CFF」の復興支援担当者2人が同席しての開催となりました。

会議は主に確認事項が中心で，学校図書館整備支援の名称を「サマーサンタクロース作戦」（以下「サンタ作戦」）とすること，今回の事業計画書や支援者向けの活動計画書（参考7①参照）について学校へ説明を行いました。図書館振興財団からの助成については，特に清算報告が必要ないことから，可能な範囲で「ありがとう」と感謝の気持ちを表現するようお願いをしました。

「サンタ作戦」の具体的な進め方については，消耗品などの事前準備（参考7②参照），活動日や内容を個別に後日調整することを説明しました。共通事項としては，活動日程とその日の支援者名簿はまとまり次第，図書館から提出すること，学校側には「サンタ作戦」について学校内で周知を図ってお

いてほしいこと，個別にお願いしたい作業がある場合は，早めに随時出してもらうことを確認しました。

(5) 段取り完了（支援物資・支援者・学校とのマッチング）

マッチングが整うまでは，ベストを尽くすこととしました。

というのも，支援で来てくれた人たちの心意気は，ありがたいことに「鬼に金棒」です。それまでの1年，多くの支援者と接して感じたことですが，基本は自己責任・自己完結の名の下に，こちらがビックリするほどの機動力を発揮してくれました。そして，事前に被災地側から被災地で不足していること，昼食の調達や宿泊所についての活動環境を伝えておくと，独自の情報収集を加えて対応してくれました。

例えば，装備作業をするためのハサミや定規などの用品，廃棄データの入力用でパソコンが不足することなどが予想された場合，準備連絡のときに臆せず，「これが不足しています」と声を出しておけば，活動日当日には支援に来る人たちが困らないよう適切に用意してくれて，そのおかげで処理速度が数倍にもアップしていました。

とは言え，先に(2)で書いたように派遣人数，メンバー構成の調整では，タイトな日程などの面から気が抜けないと考えました。

図書整理については，本は重いため，大量の廃棄作業や本の整理は厳しく地味で，ある意味で瓦礫撤去や泥かき作業に引けをとらないこともあります。

当たり前ですが，本を整理すること，書名や著者名を書き取ること，分類することは専門職の知識が必要で，図書館員にとって基本的作業です。それにもかかわらず，行政改革の

中では専門的業務ではないと判断されて民間委託の対象案件になることもあります。これまでの支援を通じて感じたことですが，図書館員や経験者の作業の効率のよさ・経験値による差は質量ともに歴然とあり，その専門性を改めて痛感したものです。

　この「サンタ作戦」の成功の秘訣は，人材，よき支援者と理解者と考えました。しかし，作業が夏休み中のため，作業した人たちは，実際に子どもたちが整備された学校図書館を活用している姿，いわゆる成果を見ることができません。支援者が「整備（復旧）した，支援図書が活かされた」ことを実感できるよう，感謝の表現方法を実施までに考えておくことが必要と考えました。

　一方で，図書館が未整備・未調整の学校があることから，今後も支援したいと思ってもらえる環境整備も大事と考え，以下のポイントを押さえることとしました。

・先導（リーダー，タイムキーパー），技術的支援者，ノウハウの指導者の確保。協会や県図書館にスケジュール表を渡し，対応できる人材の派遣を依頼しました。
・個人・団体それぞれの可能な作業の把握。やれる・やりたいといった意欲や得意分野，活動時間なども含めて，情報収集しました。
・やるべきことと実際の作業の「見える化」。作業の全体量，被災地側がどうしたいか，何をしたいか，目指すところを把握し，支援者と共有することに努めました。

　この3点が整っていれば，まず作業はスムーズとなり大丈夫です。これ以外には時間ごとに，お茶出し，顔出しして状況を確認し，消耗品の不足物などの対応，支援者の怪我・体

調不良など不測の事態に備えれば万全と考えて，作戦実行に向けて準備を進めていきました。

9.6 作戦実行

7月21日（土），初日。

車に必要な用品類，差し入れを積み込んで，図書館を出発。天気は良好，車の窓を全開にして走る朝は心地よいが，次第に日差しも強くなり，清々しさが消えていき，信号で止まると暑さを痛感。汗をにじませてほどなく学校に到着。

職員室に声をかけ，司書教諭とも，今日からはじまる話題でプチ盛り上がり。そして，廃棄にあたり，冗談とも本気ともとれる相談を受けました。「学校図書館では手に取る人がいないが，この全集は古くて貴重では？」。お互い笑いながら「ネットで価値を調べてお知らせします」と回答。

この他，会話の端々に「部活動の指導があるので作業できず申し訳ない。本当は何とか参加したい」と無念さをにじませながら話してくれました。そして，今回の「サンタ作戦」への期待と希望，感謝，現状報告を受けました。特に今回の活動の不安要素として，次の相談がありました。
① 除籍が多くなる。支援本は多くあるが，生徒の希望を満たした蔵書構成にはなりそうもない。どうしたらよいか。
② 今回で作業が完了しなかった場合，覚悟を決めて一人でやるしかないか。

①については，蔵書が不足した場合は，「小さな図書館」用に保管している本などがあり，図書館から年単位で団体貸出しているので，学校内に出張コーナーとして設置することを

提案しました。②については、当館から協会に相談すれば人的支援の可能性はあること、ただし、今後も学校の受入態勢（環境）を整えておいてほしいこと、日程の調整を希望しました。

9.7 一日の作業

(1) 作業内容

　司書教諭と段取りの協議をしているうちに、現地集合をお願いしていた支援者が続々と、個人や団体がまとまってと入室してきました。頼もしく、こちらも思わず自然と気持ちが高ぶります。

　参加予定者が揃い、自己紹介。何か支援したいという思いで来られた方、震災直後は忙しくて支援できなかったので今、夢がかなったと感謝を述べる方、企業の奉仕活動で志願して来られた方、学生としてできることを考え、参加させてもらったという方など、さまざまに参加理由が語られました。そして、宮城県内、関東圏からの方々が多い中、岡山、長崎からの人もいて、県名を聞いてビックリしました。

　こちらからは感謝の言葉とともに、事務連絡と諸注意事項を知らせます。熱中症対策、休憩時間には指定された場所以外の教室などの見学は遠慮いただきたいこと、児童生徒・先生とすれ違ったときは、コミュニケーションを兼ねてあいさつをしてほしいことなどです（参考7③参照）。

　司書教諭からは支援者の方々に状況を知ってほしいと、次の話がありました。1校が津波で被災し、校舎裏に仮設校舎があること、2つの中学校で共有の学校図書館となっている

が，部屋が足りずカウンセリング室も兼ねており，手狭で機能制限があることです。支援者は，作業に備え，快くこちらの説明に耳を傾けてくれます。本当に頼もしく，東松島の子どもたちは幸せ者だと，心が満たされていく瞬間でした。

この後，市内小・中学校において，以下の作業に取り組んでいただきました。

① 図書の廃棄→協会，県図書館，学校司書有志が選書を行い，学生や手が空いている人たちが，廃棄原簿に記入，ブックポケットやブックカードの抜き取り，梱包作業をし，指定の場所へ搬入。

② 図書の装備・再装備→司書が分類を行い，装備や補修の際は具体的な作業を示して進めてもらう。特にブックコートフィルムかけやブックポケット貼りつけ，ブックカードへの記載書名・巻号記入について，未経験者から質問があり，司書が丁寧に対応する場面もありました。

③ 書架整備・整理→ある学校では，1階にあった図書コーナーの支援図書を3階の図書館にまとめ，子どもたちが読みやすい環境づくりのための再レイアウトなども行いました。その結果，目覚ましい変化を遂げた学校図書館もあります。

初日は廃棄本を紐で束ねる作業を実施しました。しかし，束ねることに時間がとられ，どう見てもタイムオーバーです。時間，手間とも効率的でないことから，急きょ図書館から段ボールを持ち込み，梱包する作業に変更しました。

一方で，この方法では段ボールが足りないことが明らかでした。7月中は，図書館の在庫や学校で何とかかき集めて対応が可能でしたが，悩ましい課題となりました。しかし，協

会の仲介で、側面支援として（株）トーハンが、廃棄図書を入れる段ボール提供を即座に快諾してくださり、連携プレーの対応で課題が解決されていきました。

サマーサンタクロース
作戦の活動

このほか、現場に合わせて特徴的な取り組みもありました。司書教諭から、図書委員会の生徒たちにブックコートフィルムのかけ方を指導してほしいという要望があり、さっそく矢﨑氏が講師となり、生徒たちとのはじめのアイスブレーキングでは、ゲームや手品で心をつかみ、指導いただきました。

(2) 作戦が大切な思い出に

　初日の作業が終わり，一つ後悔がありました。今回の支援は，「サマーサンタクロース作戦」という名前のとおり，利用する子どもたちとの交流のない，結果的に人目に触れることが少ない活動です。これを何とか「見える化」できないものかと，計画の段階から思案していました。

　そこで，地元紙で活動を扱ってもらうとともに，ホームページ上で公開していくことにしました（詳しくは図書館ホームページを参照）。

　そして，被災地からの感謝の気持ちを表現するため，支援者の方々の思い出となるように，集合写真を毎回撮影しました。さらに，集合写真を1枚の写真入りカレンダーにして手渡すことにしました。支援者の活動の充実感と思い出のお供にしてもらうことができ，こちらからもささやかな感謝の表現ができて，喜んでもらいました。

　また，活動期間中は数々の出会いやドラマもありました。今日はどう考えても，ここまでの廃棄は無理だろう，終わらないだろうと，こちらは思って学校を後にします。しかし，夕方出向くと，作業をどんどん勢いよく進めて，終わったとのことで，驚きと感謝しかありませんでした。

　また，ある支援者は，帰宅の電車の発車時間と追いかけっこで，あと1箱，あと1冊と，自分がいなくなった後に分類ができなくなるからと案じてくださり，必死のラストスパートをかけていました。

　このように，支援者のさまざまな思いを知ることができ，日々追われる生活の中で，自分たちと被災地を改めて見つめ直すよい機会を与えていただきました。人を通じて，血の通

った学校図書館となっていくのだと教えてもらいました。

　この作戦の様子については，岡山市立芳泉中学校図書館の池田桂子氏が「ボランティアとして，東松島市の学校図書館整備に参加して」(『図書館雑誌』2012. 10)として活動報告をされました。活動全体の様子が把握できるので，読んでいただければと思います。

9.8 成果・実績

　「サマーサンタクロース作戦」は，多くの支援者の手で積み重ねられ，1冊1冊，1校1校と整備が進み，実現しました。整備された学校図書館が「夢の靴下」のように本が整理されて利用できる状態となって，夏休み明けの子どもたちに届けばと願い，思い，信じて，活動してくれた支援者の皆様は，夏のホットなサンタクロースでした。

　その後，学校へ行ったとき，司書教諭からこんな言葉がありました。「おかげさまで，学校図書館がきれいになりました。まだ震災の影響で，カウンセリング室と併用なので図書館として使えない日がありますが，子どもがこちらの目を盗んで入り込むのです。入っては駄目，と指導しているのですが」とのこと。また，「家庭科の先生から，学校図書館の本を教材，参考図書として使わせてほしいと言われるなど，先生からも好評です」という声もありました。

　2年目の活動の中では，石巻地区の学校図書館部会で，学校図書館について研修会をしたい，スケジュールが合えば講師をお願いしたいという話に対し，運よく岡山市の学校図書館司書の池田桂子氏と，協会の吉田氏が講師を引き受けてく

だされ，支援の活動に広がりと厚みが増していきました。

　そして，2015（平成27）年から，臨時職員ながら学校司書が，2校に1人，計6人採用され，学校現場の希望に応じて，おはなし会を実施したり，ミニ展示コーナーや図書委員のサポートなどをしたりしています。また，試験的に簡易図書館システムを導入し，電算システムによる貸出を3小学校でスタートしました。学校図書館が少しずつ前に進んでいます。

9.9 その後，開校に向けて　スプリング・サンタクロース作戦

　津波で全壊した仮設校舎の小学校と宮戸島の小学校が，2016（平成28）年4月に統合するにあたり，引っ越し作業が行われます。作業は，仮設校舎と新校舎の2回，次のとおりになります。

　本を移動させるタイミングとしては，まず2016年3月が第1回目になる予定です。学校としては，念入りに準備し，前倒しできる作業は先に行うよう進めているものの，閉校式，卒業式，入学式，開校式，新学期開始と，時期的に集中し，手が回らない状況です。そして，2017（平成29）年1月には，集団移転地にできる新校舎への引っ越しが控えています。

　このことを踏まえ，本の「引っ越し第一弾」については，6人の学校図書館司書補助員はもちろん，協会の震災対策委員の吉田氏に，今一度，力を貸してほしいと相談し，短期決戦を目指して準備・調整中です。

10章 東日本大震災アーカイブ収集活動

　ここでは，震災から4か月以降の資料収集の取り組みについて書かせていただきます。

10.1 震災資料の収集方法と経緯

(1) 無理なくさりげなく，震災資料の収集

　震災資料の収集については，自動車図書館での訪問時，「小さな図書館」や配本所での本の入れ替え作業時，「サマーサンタクロース作戦」での小・中学校訪問時に，震災に関する対象資料がないかという視点で，掲示物などを通りがかりに見たり，先生との話題にしたりしました。

　特に，期限が切れた貼り紙やパンフレット，支援者が被災地についてまとめた発行物・配布物の有無をさり気なく観察し，タイミングを見て，係や管理者に世間話と合わせて譲っていただくようにと相談を繰り返しました。

　収集にあたっては，相手の事情を考慮し，「震災資料として集めています。捨てるならください」とお願いし，紙媒体を中心に，無理のない範囲での収集に重点を置きました。定期刊行物は，欠号だったり，状態の悪いものだったりしても，複本対応，補完用として使えるかもしれないと考え，そのまま頂戴していました。

(2) 苦い経験を踏まえた，震災資料の収集

こうした活動は，2.5で書かせていただいたように，坂本和子氏の1通のメールがきっかけでした。

また，新設の図書館にはよくあることですが，図書館がなかった時代の資料・史料の蓄積がありません。あるいは，その地域にしかないと思われる資料・史料も集められていません。例えば，東松島市図書館では，幕末の蘭方医で東京大学医学部の前身とされる種痘所の初代頭取である大槻俊斎の資料についての問い合わせが，稀にあります。しかし，それに関しては『矢本町史』しか資料がありません。さらに，宮城県沖地震の資料に関しても，ほとんどない状態です。このため，地域の図書館として参考調査に十分に応えられずにいました。

10.2 「震災の記録」の事業化に向けて

(1) 「東日本大震災を語り継ぐ事業」の立ち上げへ

まずはじめに，書籍化された震災関係資料を積極的に収集しました。しかし，東日本の沿岸地にこれだけ大きな被害をもたらしたこと，避難所での対応で多くの証言を耳にしてきたにもかかわらず，東松島市を扱った本はごくわずかで，あっても1冊に数枚写真が掲載されているだけのものが多く，震災時の証言はあまり見当たりませんでした。

2011（平成23）年11月，日々の作業で時間が過ぎていく中，新年度の予算編成の時期となり，新しい事業として「震災の記録」を検討するにはちょうどよいタイミングでした。

具体的に何ができるか，対象となる国や県の補助事業はな

いか，民間の支援事業はないか，被災地支援でパートナーとなってくれる団体はないか，時には補助事業の説明会に参加したり，時には電話やメールで聞くなどしました。また，事業化に向けた計画書をいくつか書いたこともありました。「あたるも八卦，あたらぬも八卦」で，時間が許す限り，タイミングを見て，事業化に向けた方向性を探りました。

その頃，市は復興計画を策定するため，市民，有識者，職員と部会・委員会をつくり，検討を行っていました。

復興計画策定前に，「東松島市『東日本大震災』復旧・復興指針」，「東松島市震災復興基本方針」が示されていました。それらの指針・方針を踏まえ，復興に空白が生じないよう「東松島市復興まちづくり計画」が策定されました。計画は148事業で構成され，内容については次の記載がありました。

基本方針：1．防災・減災による災害に強いまちづくり～防災自立都市の形成～
分野別取組み：(2) 防災自立都市の形成
　取組み項目：①防災・減災体制と機能の強化
　　　事業：6．東日本大震災被災体験伝承事業
　事業概要：東日本大震災に関する資料を収集し，電子保存等によりアーカイブ化します。また，津波体験を後世に伝承します。
　事業主体：市
　事業期間：短期3年以内（事業によっては延長可能）

図書館の取り組みとして，2012（平成24）年度から「ICT地域の絆保存プロジェクト『東日本大震災を語り継ぐ』事業」として事業実施が可能かどうかを検討しました。必要な財源，手法はどうするかを日常業務の傍ら模索しました。

振り返れば，震災以降，市役所内は異例続きでした。市議会のホームページを見てもわかるように，2011（平成23）年は新年度早々，予算が凍結され，毎月，緊急的に補正予算が組まれました。そして，復旧・復興に関する課が新設されるとともに，毎月末には人事異動の内示が掲示板に貼り出されました。生涯学習課も例外ではなく，一時は，職員数が震災前の半数にまで減り，2016（平成28）年現在，派遣職員として他自治体から応援してもらうと同時に，任期付き職員によって人員を確保している状況です。人事や財政，企画担当者を含め，市役所全体で人員や財源の確保において，苦労は並み大抵ではないことを改めて痛感しています。

　震災復興の真っ只中，2011年11月に2012年度の当初予算説明会が行われ，以下のような説明がありました。まず，新規や継続事業に関係なく市の単独予算措置は財源が厳しく難しいこと，事業を精査し検討すること，財源確保が見込めたのに知らなかった，できなかったとは言わないこと，あらゆる可能性を模索すること，歳出予算を組むだけでなく歳入（民間資金や支援，国や県からの交付対象事業など）を見つけ，積極的に事業を進めることで復興を加速させてほしいと話がありました。

(2)　図書館振興財団の助成金を申請

　ちょうどその頃，図書館振興財団がホームページで，図書館運営に対する助成募集を告知しました。助成額に上限はあるものの，震災資料の保存事業を申請することは，内容として問題はなさそうでした。また，不足額は自己資金で取り組むことができる点も，条件として望ましいことでした。

ノウハウがなく，体当たり的な取り組みになるかもしれませんが，これまでの経験を踏まえるとスタッフの力量も十分あり，実施可能と判断しました。市の単独事業としての予算措置は難しいという環境からも魅力的でした。以上を踏まえ，館長や生涯学習課長とも協議し，申請に踏み切りました。

　このとき，2012（平成24）年度の当初予算化に向けて，助成金が獲得できなくても実施できるように計画しました。

① 　単費タイプ：市の単独予算での取り組み。予算規模は1万円程度。
② 　助成タイプ：図書館振興財団からの助成による取り組み。予算規模は約800万円。

　単費タイプの場合は，紙媒体資料を中心に，これまで取り組んできた収集活動を中心として，可能な範囲で整理を行うこととし，助成タイプでは「市民の震災の体験談」を脳・心の中にある生きた資料として収集し，震災当時の写真や映像等の収集にも取り組み，整理できたものはできる限り公開する計画としました。

(3)　「311まるごとアーカイブス」との出会い

　震災直後よりさまざまな個人・団体からの支援活動があった中で，震災の記録・アーカイブを支援する団体として，「311まるごとアーカイブス」があります。インターネット上でその存在を知っていたものの，つながるきっかけがありませんでした。

　そんな中で，独立行政法人防災科学技術研究所（以下「防災科研」）の長坂俊成氏，「311まるごとアーカイブス」の小島誠一郎氏が，東松島市の社会福祉協議会を訪問した折に図書館

に来館してくれました。当館が、アーカイブの取り組みをはじめたことを知ってのことでした。

このとき、災害資料の収集、復興過程の記録、その保存と公開、利活用のあり方について、以下の点を踏まえて蓄積してはどうかとの指摘をいただきました。

・政策の大きな流れ：東日本大震災復興構想会議で、「復興への提言～悲惨のなかの希望～」という復興構想が示され、その7原則の原則1に「大震災の記録を永遠に残し、広く学術関係者により科学的に分析し、その教訓を次世代に伝承し、国内外に発信する」（抜粋）と提言していること。
・アーカイブの意義：アーカイブを通じて、住民の生活や地域コミュニティの絆の再生、被災地の若者の社会起業支援の動きがあり、実際に有効なものとなっていること。
・教育・観光への活用：災害の科学的な検証や防災教育等への活用にとどまらず、地域の有形・無形の伝統文化や自然環境などの地域資源のデジタルコンテンツ化、それらを活用した観光振興にも、有効な文化資源になること。

このほか、写真や動画の著作権処理の問題、具体的な体験談の収集事例、撮影・編集・整理等の技術的問題、苦労話などを聞くことで、基本的な知識を蓄積することができ、アーカイブ事業のイメージも広がりました。

10.3 事業内容の検討

図書館では、どのような形で震災の記録を収集するか、検討をはじめました。2011（平成23）年度は、以下の(1)～(4)を検討し、試行的に行いました。

このうち(2)については、震災直後から取り組んでおり、書籍化された震災の資料収集は継続します。(2)以外は新たな取り組みですが、震災の復旧・復興の長期化は必然であり、その中で震災資料が数多く生まれては消えているというのは、スタッフ間でも共通に認識されていました。

　また、震災関連業務の中で、手と思いがまわらないことが多く、散逸しているものが多々ありました。そうした点を踏まえ、収集だけは多様な方法で、可能な限り丁寧に行うことを計画の柱としました。そして、事業の目的は、①ふるさとの再生、大切な人・物を忘れない、②震災の体験を風化させない、③震災の悲劇を繰り返さない、④震災の体験を将来に活かす、⑤防災教育に役立てる、としました。

(1)　震災の体験談等の収集

　収集方法をどうするか、自宅で類似の事例をインターネットで探していたところ、図書館振興財団の助成団体実績として「語り継ぐもの・中越地震データベース構築事業」実行委員会（新潟県長岡市）が、当時の体験談や写真を収集していることを知りました。電話で問い合わせて、取り組みを教えていただきました。

　これを参考に、投稿・寄稿形式とし、2011（平成23）年11月下旬から募集を行いました（参考8①参照）。また、図書館にコーナーを設置して投稿箱を置きました。市報やホームページでも呼びかけ、地元紙にも紹介してもらいました。

　その結果、第二次世界大戦時の経験と今回の震災体験をからめた素晴らしい投稿・寄稿文が寄せられた一方、文章にすると一字一字が重く、詳細に書くことが精神的にも辛いため

か,「震災は大変だった,辛かった」という一文に込められる傾向が見受けられました。

　投稿・寄稿以外の別な方法はないか。そこで,録画・録音によって収集する方法について検討をはじめました。録画・録音については,「小さな図書館」や巡回図書での本の入れ替え時,寄り道,あるいは何かのついでに行う方法をとることとしました。

　一方で,「311まるごとアーカイブス」の小島氏が来館した際,以下のようなノウハウを伝えてくれました。戸外の現場での収録は天候に左右されること,録音は風切り音などを考慮しなければいけないこと,室内での撮影が語り手にも負担が少ないことなどでした。また,撮影時のカメラのアングル,設定のチェック方法,機材の基本的な指導もしてくれました。

　さらに,機材が整う前の2012（平成24）年1月から試験的に,デジタルカメラで映像撮影を行ってみました。

　新春の伝統行事として,大曲浜地域の獅子舞がありました。獅子舞が属する神社などは津波で被災しましたが,住民の思いで復活を遂げました。この舞いや市民の震災の体験談を撮影したところ,素人でも意外と映像はきれいに撮れることがわかり,自信が出てきました。

　ただし,バッテリー容量の関係で,撮影が途中で終わってしまうこと,カメラが小型なために小さいゆれでも映像としては大きなゆれとなること,光量への配慮や工夫が必要なことなどがわかりました。

　こうした課題を踏まえると,図書館振興財団の助成で機材を揃えれば,より効果的に行えると判断しました。しかし,せっかく収録しても,編集機器がないと十分映像が生きない

こともわかり，新たな課題となりました。

(2) 避難所や応急仮設住宅での活動記録やチラシ等の収集

これは，これまでの方法を継承して，引き続き市民の協力と理解を得ることとし，こまめにコミュニケーションをとるようにしました。図書館としては比較的取り組みやすい活動ですが，タイミングを逃すと待ったなしで廃棄され，収集が困難になるという短所を理解した上で行う必要がありました。

また，市役所内でも年度末になると文書廃棄作業があることから，このタイミングを逃さず収集していく必要がありました。あわせて，震災関連の情報が書かれていることを想定して市内小・中学校に学校だよりの提供をお願いし，とにかく多種多様に集めることを目標としました。

(3) 震災当時の写真の収集

市役所内やその他の団体，市民から震災関連写真を持っているという情報提供があったことから，そうした提供者の都合に合わせて収集していくことにしました。

(4) 新聞記事整理公開への作業

震災直後の新聞収集の状況については，2.4(2)にも書きましたが，開館以来，当館では東松島市に関する新聞記事をスクラップし，保存してきました。この経験を活かして，震災関連の記事をスクラップしていくことにしました。

しかし，いくつか課題が発生しました。

まず，東松島市の震災関連記事に限定しても分量が多く，それを整理する人手がありません。

また，表面には東松島の載った地図とその記事があり，裏面にも東松島の被災記事が載っている事例があります。両面に掲載されていても，同一紙を2部購入する予算はありません。解決策として，2011年3月分は思い切ってすべてそのまま保存とし，4月以降は，東松島市の震災関連記事が掲載されているページがあれば，1枚をそのままカットして保存することとしました。保存対象紙は，購入している12紙と寄贈を受けた新聞です。

　上記の方法で収集するにあたり，中央紙は保存年限が切れたものからスクラップをしました。しかし，地元紙は閲覧希望が多いため，このやり方は適切ではなく，特に該当する河北新報，石巻かほく，石巻日日新聞は2部以上確保する必要に迫られました。このことから，市役所で保存期限後に廃棄するときにもらい受けたり，スタッフが自宅で購読しているものを持ち寄るなどの対応で確保していきました。これらはその後，補助金事業で購入可能となりました。

10.4　いよいよ，事業実施

(1)　助成金が決定，事業実施へ

　2012（平成24）年4月，図書館振興財団より平成24年度助成事業として決定した旨の通知がありました。大まかな助成内訳は，臨時職員人件費3人分，資料収集や取材用の車の借り上げ，取材や編集等に必要な機材，図書館システム内での震災の検索ページ開発委託料，新聞記事管理バーコード用ラベルシールや資料・製本用品等の消耗品で，ほぼ満額認められました。さっそく，6月定例議会の補正予算で歳入・歳出

の予算を計上しました。議会可決と同時に事業に着手することとなりました。

　また，広報については市報，新聞，ホームページとあわせて，チラシを作成して市内小・中学校や公共施設・民生委員会議などに配布し，提供の協力を呼びかけました。

　チラシの内容は，体験談「語り手」募集（参考8②），「心に残るメール」提供（参考8③）を依頼するもので，それぞれ著作権が市に帰属することを明記して作成しました。

(2)　苦戦・不調

　事業は，当初から順調だったわけではありませんでした。

　体験談と写真収集については，当初，事業の認知度が低く，市民もイメージができないためか，語り手の申し出や写真提供はそれぞれ数件程度しか集まらず，知人に個々に依頼する一本釣りの状況でした。

　市役所内では，図書館の活動に期待を寄せてくれる職員もいて，津波襲来時の映像などの収集状況を聞かれました。期待に応えたい思いも手伝って，収集はボチボチであること，一方で，住宅地の65％が津波による浸水で，多くの人の携帯電話が水没してしまっていることから，動画の収集は思わしくないことなど，課題を知らせて意見を交わしました。

　市報などでの呼びかけ以外に，床上浸水した地域で自営業などを再開した事業者にチラシを持って行き，協力をお願いしましたが，「忙しいから」と断られたり，そっけなくされたりしたこともありました。

　また，震災時の家族や友人とのメールを記録として残す「心に残るメール」は，新聞記者にはおもしろい試みと映ったよ

うで，記事にもなりましたが，実際にはメールは集まりませんでした。これは後日，取材していく中で知ったことですが，実際に携帯メールでのやりとりについては話題になりますが，やはり津波で被災して携帯電話が故障したため，メールが残っていないという事例が多かったことも関係していると思います。

　先述の広報の方法以外でも，協力提供の呼びかけをしましたが，反応なしでした。体験談の投稿と写真等提供の募集チラシを1枚にまとめたため，チラシのインパクトが弱く，わかりづらいことが原因ではないかと反省し，市民用，学校用とそれぞれつくり替え，一度であきらめず何度か配布やお知らせをしていきました（参考8参照）。

　しかし，応急仮設住宅に住んでいる図書館スタッフに聞いてみると，あまりにも多くのチラシが届くため，存在に気づかないとのことでした。そして，学校からの反応も思わしくありませんでした。打開策の詳細は後述させていただきますが，ひと工夫によって集まり方が断然変わってきたのです。

10.5 震災の体験談の収集

　以上のような問題があったものの，いくつか軌道修正しながら活動を展開していきました。

(1) 体験談の取材方法・ポリシー
　震災の体験談の収集は，以下のように進めました。
　まず，語り手を探すところから始めました。前述したとおり，数件程度の申し出にとどまっていたことから，電話をか

けたり，直接訪問もしました。

　チラシ（参考8②）片手に，市内3地区の応急仮設住宅にあるサポート支援センター，8地区の市民センター，市役所（関係各課），小・中学校で語り手を紹介してもらったり，消防署や学校等には必要に応じて依頼文書を作成したりしました。

　また，語り手に次の語り手を紹介してもらい，途切れないようにしました。さらに，新聞やテレビで，震災を乗り越えようと頑張っている市民の紹介記事を探し，参考にしました。

　語り手が見つかると，善は急げで取材予約をとります。電話またはお会いした際に，ビデオカメラでの撮影・デジタル録音機での取材希望を伝えます。結果として，録音は全員が了承してくれました。撮影は2割ほどが不可でした。

　次に，取材日や時間，場所の調整を行いますが，ほとんどの方が図書館を希望されます。一方，自営業の方は自分の店で，しかも時間外を多く希望されました。中には，20時過ぎに来てほしいと言われ，そこから待つこともありました。しかし，仕事で疲れているにもかかわらず，1時間，2時間と話してくれる気持ちにこちらも応えたくなり，とにかくじっくりと語りやすい環境づくりに配慮しました。

　取材は，以下のような流れで行いました。
・思うままにフリートーク形式で体験談を話してもらう。
・「語り手」募集チラシに記載されているテーマを，自由に選んでもらいながら話をしてもらう。
・話が苦手な方の場合は，聞き手が質問する。
・話しにくいこと，オフレコにしてほしいことは，取材前・中・終了後のいつでもよいので遠慮なく言ってもらう。

(2) 時間的な面からみる語り手の傾向，聞き手としての配慮

 話は短い人の場合，15分程度で，多くは20〜30分くらいでいったん終わります。そこから，一つ一つの話を詳しく展開してもらい，長い人では2時間以上，中には3時間近く話す方もいました。このとき，話の腰を折らないよう，繰り返しになっても妨げずに，聞き手にまわるようにしました。

 また，深く聞きたいときは，相槌のほか，質問をさりげなく入れて，文字起こしや編集につながるようにしました。これは改めてお願いして，もう一度聞き返すことによる負担を省き，作業の二度手間をさせないためで，ほかにも内容や軸を確定させたいなどのねらいもあります。

 繰り返し聞くことには，ほかのメリットもあります。例えば，方言・声量の問題でうまく聞き取れない場合でも，繰り返しの中で確認できます。あるいは，映像の編集では「いいとこ取り」ができます。聞き返すとそのときは時間を要しますが，結果的にはもう一度出向くなどの時間を節約できることから，そのときの時間が許す限り聞き手となる努力をしています。

 これは，自分の実体験としてテレビ取材を受けたときに確信したことですが，何度も繰り返し同じ質問を受けたり，その時間内で忘れた頃にまた，角度を変えた質問があったりと，同じことを繰り返したずねられました。実際に取材や編集に携わるようになって，その理由がわかり納得できました。

 語り手にとって辛いこと，苦しいこと，例えば家族を失った話のときなどは，ほとんどが「喪った」という一文や一言で終わります。質問するときに配慮していること，したいことは，心の整理がついていない場合や，事実として受け入れ

られていない場合，それ以上は聞かないようにすることです。

(3) 聞き手の精神衛生上の配慮

　語り手は，個人差はありますが，辛い体験をして，そのことを思い出しながら話をしているうちに，笑う，興奮する，怒る，涙を流す等，喜怒哀楽が行ったり来たりするようです。聞き手も共感し，思いあまってもらい泣きしてしまうことが多々ありました。

　取材時の雰囲気や，個人差による感覚のズレを防止するだけでなく，危機管理上のトラブル防止などから，聞き手は基本的に3人で対応していました。図書館職員で主にかかわったのは，映像主担当として筆者，文字起こし主担当として嘱託司書の菅原優子，臨時職員の小松あけ美でした。

　この複数による対応について，自分たちの手法が功を奏していたことを，2013（平成25）年4月，仙台メディアテークを会場に行われた「宮城県東日本大震災アーカイブス連絡会議」（以下「県アーカイブ連絡会議」）から知ることができました。県アーカイブ連絡会議とは，互助を基本としつつ宮城県内でアーカイブ活動を行う団体で，自治体・大学・企業・NPO等が情報交換を通じて互いの活動を支援しあうことを目的としたものです。東北大学の坂田邦子氏，柴山明寛氏，佐藤翔輔氏が発起人で，それぞれに，コーディネーター，情報発信や基礎的な活動を担っており，2016（平成28）年現在でも，月1回開催されています。

　その場で次のような指摘がありました。複数で対応すると，聴き取り中も取材後の振り返りにおいても，聞き手同士が共感でき，声に出したり確認したりできるので，個人で抱え込

むことを防止でき，精神的負担が軽減できます。したがって，このやり方が理にかなっていることを教えていただきました。それを聞いて，こちらも安心し確信が生まれ，自信とやる気を得ることができました。

(4) 震災の記録収集について

　取材対象は，年齢を問わず，以下の方々に応じていただきました。

　主婦，理容師，消防団員，消防士，看護師，医師，自治会長，民生委員，児童委員，保育士，飲食店経営者，市民センター職員，文具店経営者，応急仮設住宅自治会長，市議会議員，小学生，中学生，高校生，漁協組合長，会社員，市役所職員，婦人会員，小・中学校教諭，造船会社の設計士，歯科医師，ジュニアリーダー，ライフセーバー，農家，酪農家，写真店経営者，放課後児童クラブの指導員，被災地障がい者支援センタースタッフ，海苔加工業者，養殖業者，旅館・民宿業者，僧侶，宮司，リサイクル業者，配送業者，ガソリンスタンド業者，ラジオアナウンサー，新聞記者など。

　収録する中で感じたことをまとめると，語り手は次の①の流れを繰り返し行いながら語る方が多く，そして全員ではありませんが，多くが語り終わると，すっきりした顔をし，人によっては②の効果があるのではないかと考えられます。

　この点について，県アーカイブ連絡会議で話したとき，震災の体験談を集められるだけでなく，被災者の心をケアする行為にもつながっているのではないかとの指摘がありました。

① 語り手の心情の流れ

避難所を担当したとき，ある市民から，人間は情報がないと不安になり，心配からやがて怒りに変わると言われたことがありました。この心情の変化を参考に，震災の体験談における語り手の心情を見つめてみると，同様の傾向が見られ，時間・日・月・年の中で繰り返しながら，心情が変化して語られる傾向があることがわかってきました。それを聞き手のポイントの一つとして取り組みました。

興奮⇒不安や心配⇒焦り・怒り⇒諦め⇒悲しみ⇒絶望⇒
救われる⇒感謝⇒再起⇒喜び⇒笑い

② 語ることの効果

この震災で家族を失った人が多く，話し相手がいなくなったこと，まわりのみんなが同じ環境であったり，またはもっとひどい状況の人たちもいるため，体験・思いを話したくても話せないこと，たくさん受け止めてほしいのに話しても聞き流されてしまうことが多くあります。このため，カメラ・録音機・聞き手が正面から向き合ってくれるだけで，以下のような大きな精神的効果があったと考えています。
・気持ちが整理されるきっかけとなる。
・話をすることで楽になる。話を受け止めて聞いてくれる人がいることで，たまっていた震災の痛み，辛さを出し切ることができる。
・全国からの支援に今も支えられていることを実感・確認できる。
・震災の体験談を発信する意義を感じることができる。これ

は，この被災地を忘れてほしくないという気持ちもあるだろう。
・はじめの一歩を踏み出すきっかけになる。
・不特定多数の支援者にお礼を伝えることができる。
・子どもたち，子孫に同じ悲劇を繰り返してほしくない，こんな辛い経験は自分たちだけで十分だと伝えることができる。

(5) 文字起こしと編集

　文字起こしは，図書館職員が5〜6人体制で行いました。イヤホンをして，また時折涙ぐみながら，パソコンに向かう姿が見られました。3〜4回，校正を重ねた上で，最終校正者として職員が確認を行いました。編集ルールについては，「参考8⑥」を参照してください。

　映像の編集は私が主担当で，編集機器にはApple社のパソコンとFinal Cut Pro Xを使用しました。まったく初めての作業で未知の世界でした。「311まるごとアーカイブス」のメンバーだった小森はるか氏からは基礎を教えていただき，秋山真理氏（文部科学省初等中等局復興教育支援事業スタッフ兼務）からは，県アーカイブ連絡会議の終了後に居残りで，バージョンアップによる画像の取り込み仕様の変更，操作方法や画面周りのレイアウト変更など，初心者には戸惑いと悩ましい課題の手ほどきを受けました。

　そして，いざ着手となると，当初はカメラからパソコンへの画像取り込みにつまずき，ホームページ作成はできるのになぜ映像編集はできないのかと，ただ時間だけが過ぎることもしばしばでした。編集では音声と映像の関係が理解できず

苦労するなど,最初はつまずきの連続で,閉館後に夜遅くまでパソコンと向き合うことも多かったのですが,徐々に編集が進むようになりました。

　体験談の映像編集は以下の流れ,ルールで行いました。

　まず,録画してきた映像を,一度通して視聴します。その後,方言や言い回しが弱いものなどにテロップをどんどん入れていきます。さらに,説明が十分でないところ,地名の略称や旧称(方言や名称が曖昧に聞こえるなども含む)と判断したところは,字幕を入れたり,語り手の声だけを残し,これまで収集してきた該当写真をはめ込んだりしていきました。

　さまざまな震災の体験談を編集する中では,辛くて涙を流しながら作業をすることもありました。今となっては笑い話ですが,周りに迷惑をかけないように,集中できるようにと,イヤホンをして作業を行ったこともありますが,私の場合どうにも耳に必要以上に残り,合わせて目に残り,夢にも出てくることもありました。

震災の体験談取材

通常業務に対応しながらこの作業を行うのは無理なことから，空いた時間（休日の日中）に作業しました。何回も編集していくうちに，自分の琴線に触れる部分がわかってきました。個人的なことですが，支援を受けた話，家族との絆などがどうも辛いようでした。精神衛生上の負担を少なくするために，このような内容は週休日の2日目に対応しようと自分なりに決めて，気持ちの切り替えをしながら作業していきました。

　なお，震災の体験談の動画編集作業時間は，語り手一人につき平均4～6時間，最短は2時間，最長で8時間を要します。そして，自分の中で達成感を出すために，複数の語り手（あるいはグループ）を第一に編集したり，ショートタイムの語り手をピックアップしたりと，やる気をつなげる工夫をして進めました。

(6) 2012（平成24）年度における体験談の収集・整理状況

　編集が終わった映像とPDF化されたデータを，以下の方針のもとで公開しました。図書館内閲覧用として完全版，ホームページ用としてダイジェスト版を作成しました。

　まず，完全版（文字化したPDFと一部動画）は今回の助成金で整備された館内専用タブレット端末機によって公開しました。ダイジェスト版については，1人（あるいはグループ）につき15分程度にまとめ，YouTubeで公開することにしました。PDF版は，編集担当がピックアップして，以下の3つのテーマに絞って公開することとしました。

・震災の出来事（震災で一番辛かったこと・うれしかったこと）

・未来へ向けて（子孫へ・自分の子どもたちへ）
・感謝の言葉（ボランティア・支援者の方々へ）

なお，2012（平成 24）年度は，震災の体験談の語り部として約 90 人，投稿者として 33 人の協力がありました。

10.6 印象的な震災の体験談

　津波の発生状況は地区によって違いますが，証言から地区ごとに共通した見え方をしていたことがわかります。例えば，大曲浜地区（海辺，津波の高さ 5.77m）では，木や家屋がバキバキと折れたりつぶれたりする音で津波に気づいたそうです。そして，最初は足元に水がちょろちょろとあったのが，次には黒い壁となって迫ってくるのが見える，といった証言が多くありました。また，施設内で津波に遭遇した人は，黒い水が洗濯機の中にでもいるように，ぐるぐると渦巻いて増えていった，という証言が共通しています。

　このほか，印象的な体験談を要約して，いくつかご紹介します。

・車で避難中に家族で津波に遭遇した男性とその家族

　自営業を営んでいる男性。他の語り部から紹介をしてもらい，聞き取りました。

——渋滞中に津波が押し寄せ，家族で何とか電柱につかまり難を逃れる。夜，潮の満ち引きか津波のせいかわからないが，水が引かず，最寄りの小学校への避難ができなかった。さらに追い打ちをかけるように，雪が降ったりやんだりして寒い。周辺は，臭気からプロパンガスボンベからガスが漏れている

ようで火が使えず，寒さが身にしみる。ちょうど，高齢の男性も近くの電柱にしがみついていたので，声を出し励まし合う。

やがて，男性の声は聞こえなくなる。

そして，朝方。足下が見えはじめ，寒さに耐えながら家族で学校へ避難した。男性のことが悔やまれ，後日，せめて手を合わそうと探したが，わからずじまいで悔やんでいる。しかし，救いは自分の小さな家族が助かったこと。その人の分まで頑張って生きていこうと思う——とのことでした。

・消防団で行方不明者を捜索した男性

自営業を営んでいる男性。淡々と話す姿が印象的でした。——自宅は，床下浸水で止まったが，行方不明者の捜索に参加し，ある家を捜索していると，男性の亡骸を発見した。その下には，抱え込むように小さな子も発見。最後までこの子を守ろうとしていたということに胸を打たれ，自分たちのことだからと，なおいっそう捜索に励んだ。そして，少しでも被災した人たちのために役立とうと，今は家業に励んでいる——とのことでした。

・避難先の体育館で津波に遭遇した親子

震災前は親子3人で図書館を利用していました。震災後，再び来館するようになり，声をかけて協力依頼し，快諾をいただき話していただきました。

ひと通り震災の体験談を話し終えて，ふと振り返りながら次のことを気丈に話された姿が印象的でした。

——震災後，公園で子どもを遊ばせていたときのこと。ママ

友が津波で亡くなり、久しぶりに偶然、その子とご主人に公園で会う。子どもが駆け寄ってきて「ぎゅっとして！」と言われた。瞬間的に、震災前のママ友とその子の思い出が、交差する。抱きしめると、「ねえ、もっと強く」と言われ「泣いちゃいけない、この子には抱きしめてあげる母親がいない」と思いながら抱きしめた——。

　語り手自身、避難先の体育館に黒く渦をまく津波が押し寄せ、2階のエントランスにいた人に、まずは子どもたち、次に自身を引き上げてもらい、命からがらやっと助かった壮絶な体験を話すかたわら、こんなことも話してくれました。
——震災から1年、それまでは震災や関係することを地域で話したり触れたりするのがはばかられた。私は幸い家族を亡くさずに済んだが、他の人はもっと大変だった。震災から1年が過ぎて、やっとまわりの大人も子どもも話せるようになってきた——とのことでした。

　その一例として、時には声をつまらせながら、こんなことも教えてくれました。
——子どもが学校から帰ってくると次のことを話しだす。「○○ちゃんが、（震災で亡くなった）お母さんの写真を先生やみんなに一所懸命見せて、『きれいでしょ、きれいでしょ』と話すんだよ。」子どもに諭すように、「みんなに見てもらいたいんだね」と、うんうんとうなずくことしかできなかった——。

　個人的には、時間とともに消えていくことがあるとともに、思いが強くなっていく部分もあることを改めて感じた瞬間でした。

・津波で自宅が全壊、しかし復旧へと前を向いて歩く女性

地震による地盤沈下と堤防の未復旧のため，震災から数年経っても満潮になると道は海水に浸かる地域の住民は，震災後のできごとを話してくれました。
――震災があった年の夏。
　自宅を奇麗にしたいと作業をしていると，ボランティアが来てくれた。事情を話す。「私たち家族のわがままを聞いていただけますか。この家を奇麗にしたいんです。どうせ壊す家なんですが。」その気持ちに応えるかのように，たくさんの人が応援して作業を手伝ってくれた。用事などで留守にするときは，戸板をメッセージボード代わりに気持ちを書く。するとボランティアから「いいえ，どういたしまして」とメッセージのお返しがあり，支えられている瞬間を感じ，片づけしつつ気持ちも前に進むことができた。そして，終わった瞬間，「1階部分は柱だけなのに，家が清々しく呼吸をしているみたい。ありがとうございます」と口から思わず出てしまい，ボランティアの方々に頭をさげた――。
　一方，最後の振り返りの中では，震災直後の話になり，夫は消防団にいて，震災からしばらくは，夜は寝床でうなされながら捜索に携わっていたそうです。疲れがピークにきたあるとき，夫は亡骸がだんだん荷物のように扱われるのが忍びなく，「この人たちは人なんだ」と声を発してしまった，と心情を込めて語ってくれました。

・地元の開業内科医師
――震災後の地域医療活動の中で感じることがある。血圧や血糖値を下げるのは難しいが，具体的な数値がある。しかし，心には数値で計れるものさしがない。心が傷ついているはず

の患者にニコッとされると,本当かなあと患者の内面を察してしまう。また,こちらもそれ以上は話せなくもなってしまう。私の父親も地域医療はヒューマンリレーションと教えてくれたが,今,痛切に感じている——。

　この震災の体験談の収集作業の中で,私自身が感じたことですが,この仕事は,文字・言葉では「亡くなった」,「悲しかった」,「辛かった」,「苦しかった」,「ありがとう」しか発することができない被災地の人々の内面や実情,その一言にこめられた思いや願い,そこに至る営みや過程の収集ができる作業ではないかと実感しています。
　この他にも多くの体験談があります。興味のある方は,東松島市図書館のホームページをご覧ください。

10.7 資料の収集

(1)　収集にもひと工夫

　利用者への呼びかけ,配本や本の入れ替えのついでに,加えて「震災の体験談」取材時にたずねるなどして,震災にかかわる資料もコツコツと収集しています。

　しかし,10.4(2)で書かせていただきましたが,当初は順調ではありませんでした。特に,学校関係の資料集めがうまくいきませんでした。これには,学校と市立図書館との関係は近いはずという,こちらの勝手な思い込みもありました。しかし,冷静に考えてみれば,学校にとっては「資料保存」は担当外であったり,受け皿がなかったりする作業であり,新たな負担となることは明白です。

とはいえ，強引と言われるかもしれませんが，あきらめきれない理由がありました。実は震災前から地域の図書館として，学校だよりを集めたいと思っていました。学校の記録は地域の大切な記録でもあると考えていたからです。震災をきっかけとして，積極的に集めようと，各学校に呼びかけました（参考8⑤参照）。時間を置いて，文書でお知らせとお願いを何度か続けました。いくつか反応してくれた学校はありましたが，思わしくありませんでした。

　そんな中で，震災の資料収集を担当していた嘱託司書の菅原優子，臨時職員の小松あけみがアイディアを練り，収集への新しい工夫に挑戦してみることにしました。できないから断念するのではなく，工夫してみて，という問いかけに応じてくれたものです。二人は，学校によって対応してくれる方々に合わせた方法で電話をしたり，手紙を書いたりと，相手の心理的負担の軽減を第一に，タイミングを計り進めました。時には欠号について，その学校に自分の子どもが通っているスタッフから地道に集めました。

　そうした工夫を積み重ねた結果，通い封筒（角2封筒サイズ。表紙に学校だよりの月々協力提出状況一覧を作成し，配布担当者印と受領者印の欄を設けたもの）をつくり，教育委員会と学校の文書が往来する文書交換棚経由で試行的に実施したところ，収集率は上がっていきました。

　今では私たち3人の笑い話ですが，それでも最初は，通い封筒が戻ってこなかったり，欠号があったりと苦戦しました。次第に学校側も担当者が明確となり，提出することが業務として定着してきました。

(2) 対象資料と整理

具体的な対象資料は以下のとおりです。
・市販の図書
・避難所・応急仮設住宅での活動記録，貼り紙，ミニコミ紙，パンフレット，行政や全国の支援団体からのお知らせ，国内外からの応援メッセージ
・市内小・中学校だより，クラスだより
・統合に伴う各学校の記念誌（浜市小学校，小野小学校，鳴瀬第一中学校，鳴瀬第二中学校，野蒜小学校，宮戸小学校）
・各行政区の活動記録集や回覧板
・本市被災地域の郷土芸能等の映像（テレビ局や新聞社がまとめた震災記録，被災地域の伝統行事をまとめた映像で販売されたもの。集団移転地域の被災前の映像で，神社に奉納された郷土芸能等が映ったもの）

目録上のデータには，本市のことが掲載されているページを入力し，「東日本大震災東松島市」をキーワードとして設定し，検索すると簡単にヒットするようにしました。

また，資料検索のトップページで，東松島市が掲載された東日本大震災資料を，ワンクリックで一覧表示できるようにしました。これは，収集した資料の多くが，学校だよりや各地区の集団移転の復興新聞，新聞店が出す「かわら版」などの逐次刊行物で，中に何が書かれているかがわかりにくいことを解消するためです。

図書は，背ラベルに「東日本大震災　本市掲載図書」と明記して装備し，それらを「東日本大震災コーナー」に配架しています。

一方で，製本されていない資料も多くありました。これは，

2013(平成25)年6月,資料もだいぶん収集できて,製本した方がよい区切りの時期に入ったことから,協会の震災対策委員会を通じて,協会資料保存委員会の真野節雄氏を講師として派遣してもらいました。

まず,フラットファイルなどに綴っていた資料を確認してもらい,見た目,利用面を向上させる観点から指導してもらいました。フラットファイルのままでも十分ですが,背表紙だけがかさばり,将来的に配架に支障が出そうなこと,この事業の実施期間中は製本作業等ができるが,このタイミングを逃すと今後は整備が難しいことから,別の方法に変更することとしました。そして,紙媒体資料の利用頻度に応じた製本方法として,板目製本,パンフレット製本,糸綴じを指導してもらい,現在は1年ごとまたは複数年分で製本し,保存・提供しています。

10.8 写真の収集

これもすでに述べたとおり,震災時の写真の提供の呼びかけをしましたが,申し出は数件程度でした。2012(平成24)年度は,市の秘書広報班が撮影した写真のほか,情報提供を受けたり紹介してもらったりしたものについて,提供者の都合に合わせて訪問して収集しました。

また,私自身も新聞記者から,カメラを持ち歩けば何か記録を撮りたいときに便利だからと,新人の頃にアドバイスを受けていました。市報の元担当者からは世間話で,記録としては多角度の撮影が好ましいが,接写と全体を押さえたものが複数あった方がよいなどと教えられていました。子どもの

記録用として,震災の数か月前にデジタルカメラを更新したばかりだったので,これ幸いとばかりに,仕事の先々で記録として撮影をしていました。

撮影した写真は,市内を10地区程度の小学校区に分け,図書館内利用については館内専用タブレット端末機で,ホームページ上ではPDF形式で公開することとし,2012(平成24)年度は2千枚程度を公開できました。現在は,この段階よりさらに収集が進み,地区コード番号表(抜粋)による整理と分類で公開しています(参考8⑩参照)。

2013(平成25)年度までは,写真については以上の内容で公開していました。これは,収集に力点をおいた事業だったこと,特に写真においては未公開が多いことなどの課題がありました。しかし,2014(平成26)・2015(平成27)年度は,整理や公開・提供,活用方法について集中的に取り組むことができました(11.3(2)参照)。

10.9 新聞掲載の関連記事収集

この事業は当初の計画どおり進めることができており,資料検索では内容細目から検索できるようにしています。

作業の流れとしては,以下のとおりです。

・東松島市の震災関連記事があるかチェックする。
・関連記事が掲載されたページは1ページごと切り取り,月ごとにまとめて1冊にする。
・1記事ごとにバーコードを貼付する。
・目録データは,月ごとにマスターデータを作成する。データ項目に記事見出し,写真の解説などを入力する。

上は整理した新聞，下はバーコードが貼られた新聞

　収集の対象とした新聞は次のとおりです。
　河北新報，石巻かほく，石巻日日新聞，朝日新聞，読売新聞，産経新聞，毎日新聞，スポーツ報知，スポーツニッポン，日本経済新聞，日本農業新聞，朝日小学生新聞，※日刊スポーツ，※東京新聞，※福島民報，※北海道新聞，※建設新聞
　※は定期購読外で，支援により短期間の提供を受けたもの
　目録データ入力を担当している嘱託司書の奥田智子，熊谷美和，千葉裕恵に聞いた感想では，2011（平成23）年3〜5月

の入力作業が精神的にきつく，見出し語を入力するときには記事内容や写真に目を惹かれ，思わず読むのが苦しくなったこともあったといいます。また，2012（平成24）年に入ると，記事には身元不明者の似顔絵が公開され，必要以上に感情移入してしまったり，想像をかきたてられたりして，疲労感を覚えたとのことでした。

　こうした心理的負担への回避策として，何が辛かったか声に出して他のスタッフと共有するようにしました。また，時には，別な作業を行ったり，日数を置いて作業したり，1回の作業時間を短く設定したりと，工夫して進めるようにしました。その結果，2012（平成24）年度は3千件以上の整理が完了し，検索ができるようになりました。

10.10 2012（平成24）年度実績（収集から一部公開まで）

　図書館振興財団の助成を受けて取り組めたことを，以下にまとめます。
① 本市震災関連掲載の資料収集　600点
　※学校だより等の毎月発行資料は年度ごとにまとめて1点と換算
② 本市の被災地域の郷土芸能等の映像収集または撮影 10点
　※大曲浜獅子舞，東名塩田カルタ，統合する学校関係資料（エジプトダンス・校歌等）等
③ 本震災関連掲載記事の整理および見出し等のデータ入力 3千件
④ 震災の体験談の収集　市民約90人　体験談投稿者33人

⑤ 震災当時のデジタル写真・動画等の収集，公開
2千枚以上，動画3点

10.11 広報活動と関連のイベント

　震災の記録収集について，市民の認知度をあげる方法として，地元紙や中央紙の県内版に，図書館が震災の体験談（取材）を収集していることを書いてもらいました。その一方で，市民の防災・減災の意識を向上し，継続して取り組んでもらう目的も兼ねて，「きっず夏休み復興アーカイブ記録・編集ワークショップ」，「みんなで印そう！　津波の高さMAP－後世に伝える震災の足あと－」を開催しました。

(1)　「きっず夏休み復興アーカイブ記録・編集ワークショップ」(2012年度)

　防災科研の支援で，夏にワークショップを開催しました（参考8⑦参照）。ワークショップでは，子ども目線で映像撮影から編集を行ったり，壁新聞づくりなどをしました。

　映像撮影は，子どもの興味が強かった一方で，課題山積でした。珍しさと興味に引かれ撮影に夢中になり，撮影したいものがあっても，映像化の目的が明確でなく，撮影技術が未熟で，ぶれた映像が多くなってしまい，編集もその方針が定まらないといった課題が残りました。

　一方，壁新聞については3グループが参加し，5枚できました。こちらは，子どもたちも学校での取り組みで慣れていることから，家族など身近な人にインタビューしたり，津波で被災して基礎のみになった住宅の写真などを使ったりと，

復旧から復興への「自分新聞」ができ上がっていました。

上は映像編集の様子，下は制作された壁新聞

(2) 「みんなで印そう！　津波の高さ MAP －後世に伝える震災の足あと－」(2013年度)

　「震災の体験談」には，体験自体が辛過ぎて話せない人でも，気軽に，気持ちに負担がかからない形で参加してもらうことをねらいとした取り組みです。都市計画課にお願いして，まちの全域地図を模造紙サイズ（84cm × 120cm）で印刷し，そこに津波の高さを示す5色のシールを貼ってもらうことにしました。

この取り組みは7月からスタートしましたが，450人以上が参加しました。シールを貼るついでに，震災の体験談にも参加してもらえるという副産物がありました。また，図書館関係の視察者から，「図書館利用者地図にもなるね」とアドバイスを受け，利用者や，このワークショップを好意的に受け止める市民の被災状況を示す資料にもなることに気づきました。

　この他，「小さな図書館」がある応急仮設住宅集会室で，本の入れ替えの際に，住民とコミュニケーションをしながらシールを貼ってもらっていると，体験談を話してくれることがありました。地図を見ながら話をするので，水の流れ（津波）や自分が避難した経路が明確になり，話が盛り上がる効果もありました。

　一方で，その場では地図を指差して説明してもらうので理解できても，文字起こしや編集の際に，「その場所」，「あの場所」と表現しているために，地名を入れる手間が発生するデメリットもありました。

(3)　「なつかしの航空祭写真展」

　上記事業のほかに，「なつかしの航空祭写真展」を開催しました。今回の震災により，航空自衛隊松島基地が津波で被災しましたが，自衛隊が所有する資料館も同時に被災してしまったことから，資料収集を行っているとのことで，この事業への申し出がありました。図書館としても，震災の体験談等で連携をとりたいと考えており，写真撮影者探しを兼ねて開催することにしました。

　航空祭写真展の写真は，当館が矢本町立図書館時代に商工

観光課から移管されたもので，昭和30年代後半から40年代頃までのフォトコンテストに出展されたものです。写真に撮影者等が明記されていたことから，写真展の記事が新聞に掲載されると同時に，半数程度の申し出がありました。撮影者の親類縁者からの申し出もあり，人と人のつながりを改めて感じたものです。また，震災で足が遠のいた利用者が図書館に戻るきっかけにもなりました。

写真展は，子どもから高齢者，さらには航空マニア，現役自衛官や元自衛官からも好評を得ることができました。その後，これらの写真を電子化し，さらなる撮影者探しを兼ねて，図書館ホームページで公開中です。

10.12 連携

図書館では，技術的な知識を得るため，「震災アーカイブ」の情報共有のため，さらにはそうした活動にかかわる課題解決の機会として，関係組織との交流・連携を積極的に行ってきました。それらを時系列に列挙させていただきます。

(1) さまざまな組織との連携

2012（平成24）年度は「311まるごとアーカイブス」や，防災科研の「東日本大震災災害・復興アーカイブ被災自治体等実務者連絡会議」に参加しました。

その後，2013（平成25）年4月，仙台メディアテークを会場に，「県アーカイブ連絡会議」で事例を学んだり，意見や情報交換をしています。この会議は有識者の層が大変厚く有意義で，判断の参考となる情報を得ることができます。当館のよ

うに小規模な組織では，どうしても情報から孤立しがちですが，大変意義深いものとなっています。

　2013年度においては，同じ市内にもかかわらず事業の詳細を把握できていなかった社会福祉協議会が設立する「東松島市生活復興支援センター」（以下「復興支援センター」）と連携がとれるようになりました。きっかけは，復興支援センターがこれまで津波で被災した地区の子どもを対象に行ってきたワークショップの成果物を，インターネット上または何かの形で公開したいということで，「県アーカイブ連絡会議」に出席したことでした。その内容は，子どもたちと一緒に作成してきたおすすめの場所，おいしいところ等を紹介する「東松島市のいちおし！」，被災から復興のまちへを語るワークショップ「未来のまちの夢」，「かぜのこ新聞」です。

　一方，図書館としては，同じ市内で，アーカイブ・地域資料収集という視点で見た場合，復興支援センターが興味深い活動をしていること，復興支援センターは震災直後から，国内外の活動希望者をコーディネート・派遣してきた活動実績があり，ボランティア活動や震災当時の記録写真を多数保有していることから，写真の提供を受けたいという思いもありました。

　そんな中，県アーカイブ連絡会議において復興支援センターの広報活動の希望をかなえてくれるNPO団体と知り合うことができました。クラウドファンディングにより資金調達を行い，公開のためのプラットフォームを構築したいというありがたい提案をいただきました。クラウドファンディングの申請においては，メールでやりとりを重ね，何とか最終段階まで漕ぎ着けることがきました。

(2) 被災地復興の定点観測

　このNPO団体は，震災で被災した市町村を対象として，デジタルカメラ（以下「デジカメ」）による定点観測の支援もしており，東松島市とアーカイブに関するマッチングが可能との申し出がありました。

　図書館ではさっそく，検討・調整をして，NPO団体とメールで実施に向けた話し合いを行いました。さらに，何度か足を運んでいただき，復興の定点観測カメラの設置場所を選定しました。将来的には，3か所程度に設置することを目指し，まず1か所を試験撮影することにしました。

　その場所は，図書館の西側に造成中の集団移転地です。プレハブ事務所の軒下を借用して，造成状況をデジカメで定点観測をすることになりました。定点観測の仕組みは至ってシンプルで，90分に1回，自動的にシャッターが切られるインターバル撮影機能を持つデジカメで，1日に16回，自動的に撮影します。この撮影方法の利点として，同じ位置で撮影し続けられること，人手がかからないこと，さらに高価なカメラでなくてよいことがあげられます。この仕掛けなら，他にもさまざまな使い道があると感じました。

　設置して3～4か月ほどは順調でしたが，カメラの調子が思わしくなく，一時撤収しました。同時に，そのNPO団体は資金的にすべてボランティアだけで行われていたこともあり，次第に連絡が途絶えるようになりました。発想も豊かで頼もしく，よいものがつくれると思ったのですが，道半ばで残念なプランに終わりました。

　しかし，復興支援センターと図書館は，支援団体に頼れなくなっても今回の計画を終了にはしませんでした。図書館で

は，この手法なら独自に定点観測ができると判断して事業を受け継ぎ，集団移転地の事務所が撤収された2015（平成27）年夏まで，デジカメで撮影を行うことができました。そして，復興支援センターと震災直後から支援活動実績のある「NPO法人アジア日本相互交流センターI・CAN（アイ・キャン）」と図書館の共同作業で「十年後の東松島を描こう!!」をテーマに，子どもたちとワークショップを重ね，1冊にまとめることができました。パートナーとして図書館が選ばれたのは，たくさんの人が集う場所だからです。

　これは，途中まで協力いただいたNPO団体を批判するものでは決してありません。むしろ，アイディアや記録を残していく手法を教えていただいたことに対して，感謝を記したいと思います。

(3) 著作物の使用許可範囲を前もって取り決めておく

　震災以後，被災地の復旧・復興に関して，たくさんの好意が支援として寄せられる一方で，撮影された写真や映像，図案などの使用の許諾範囲，いわゆる著作権が未協議だったため曖昧となり，復興の行く手を阻むケースをニュースで知りました。

　背景には時間の経過があります。連絡を取りたくても先方が所在不明となったり，団体が解散したため連絡が取れなくなったりした結果，せっかく復興に向けた計画や先進的な取り組みが暗礁に乗り上げてしまうケースがあるとのことでした。

　このことから，図書館では回避策として各団体と事前に協議し，覚書（参考8⑧，⑨）を交わすことにしました。

11章 アーカイブを復興促進の一助とする

　ここでは，2014（平成26）年度と翌年度を中心に，東日本大震災復興交付金（以下「復興交付金」）を活用して着手した事業について書かせていただきます。

11.1 公開・活用に向けた模索

　2012（平成24）年度は，図書館振興財団より助成を受けて，震災関係記録の収集整理と一部公開ができました。その一方で，次年度の取り組み手法について同時期に平行して検討を行いました。ちょうど，震災支援で民間の助成団体の公募があり，申請書を起案し提案したのですが，窓口担当課の内部選考であっけなく落ちてしまいました。

　2013（平成25）年度は結果的に，引き続き収集作業を中心に進めながら，「県アーカイブ連絡会議」などで，情報交換を図ったり，アーカイブの協同実施を民間団体と模索したり，主に次のステップへの準備期間となりました。

　2013年の秋でした。

　市役所内で，来年度の実施計画と当初予算編成の説明会において，復興交付金の活用説明がありました。

　図書館が検討した復興交付金の見出しと概要は次のとおりでした。

東日本大震災復興交付金
　市街地復興効果促進事業
　事業内容：3．産業，観光等の復興の促進
　　　　　　　市街地整備事業と連携して，市街地整備事業地
　　　　　　　区又は隣接地において行われる，産業立地や観
　　　　　　　光資源開発等を促進するために必要な事業
　事業名：震災・復興記録の収集・整理・保存（調査費）
　　　　　　震災の記録を後世へ伝え，防災性向上に資する
　　　　　　ための震災・復興記録の収集・整理・保存
（東日本大震災復興交付金制度要綱の詳細は，復興庁のホームページで見ることができます。）
　さっそく(1)と(2)の内容で計画しました。

(1) 震災資料収集・整理・保存の機能向上と充実に向けた調査検証等

　これまで収集してきた震災新聞記事，震災関連写真整備，震災の体験談，避難所・応急仮設住宅等の各種活動記録やチラシ，回覧資料等の震災資料を整理し，資料の脱酸処理や製本などを必要に応じて行い，後世へ伝えられるよう保存していく計画です。

(2) 公開（提供）・活用の調査等

　ふるさとの再生，震災体験風化の防止，同じ悲劇を繰り返さない，体験を将来に活かす，防災教育に役立てるという目的や意義を失わず，商観光業の復興の一助，きっかけづくりにするため，従来の1），2）に加えて計画しました。
　1）図書館での利用や閲覧

2）インターネット公開
3）「まちなか震災アーカイブ」

市内の至るところ（公共施設・商業施設・観光施設など）で，気軽に個人のスマートフォンや携帯端末機（タブレット機）で，上記(1)を活用して，地域ごとに震災の被災状況を見ることができるようにしたい。

4）パンフレット

「まちなか震災アーカイブ」参加施設の紹介，震災の状況，観光 PR，観光としての被災地見学，防災・減災学習で活用できるようにしたい。

5）貸出用携帯端末機（タブレット）の充実整備

震災の再現性を高めるため，震災当時の写真や動画，体験談などを実装したい。特に「観光ボランティアガイド（震災の語り部ガイド）」（以下，「語り部ガイド」）に貸し出し，被災地案内で活用をしてもらう。施設には，スタンドタイプのタブレット端末を設置し，観光や被災地見学者に見て聞いて触れてもらえる機会と環境を整えたい。

6）防災ワークショップ

図書館資料を参考に，身近で手軽に，アイディア次第で災害への対応能力がアップし，多世代でできるワークショップを検討したい。

11.2 実施計画の実現と予算化の狭間の中で

(1) 実施計画で意識したこと
　① 市民の意見

2013（平成 25）年，ホームページの一部公開をはじめて間も

ない頃でした。市民から,「これは大切なことである。しかし,この震災は見せ物ではない。その一方で,被災地を忘れてほしくない,頑張ってほしい」と言われたことがありました。一見矛盾していますが,公開（提供）作業においては忘れてはいけないこと,被災者に寄り添うことが必要であることを再認識させられました。

② 連携の模索,周囲の状況を知っておく

東松島市観光物産協会（以下「物産協会」）では,観光案内の問合せの中で,個人や団体,旅行業者から被災地案内のニーズが多くあり,対応を模索していました。そして,市民の有志で構成し,道路や公園の除草などの環境整備に取り組んでいる「奥松島観光ボランティアの会」に依頼して,語り部ガイドを引き受けてもらい,物産協会が窓口として対応しながら活動していました。

図書館としては,物産協会との連携の可能性を探るために,担当者に連絡しました。すると,興味深いことを話してくれました。テレビや新聞などで,「被災地観光」という言葉がよく使われるが,これは市民感情からすると,人の苦しみを見せ物にするような言葉で抵抗感があった,観光客がたくさん来ればそれでよいのか,という戸惑いがあったそうです。このことを検討し,アピール度は弱くなるかもしれませんが,「被災地見学」または「被災地案内・学習」と表現しているとのことでした。

これは市役所でも同様の考えで,「にぎわい」,「つどう・つどい」として,震災で亡くなった方々,遺族や市民に配慮しながら,これまで支援してくれた方々のご恩を大切に思い,

復興の取り組みをしてきました。

　この語り部ガイドは，支援者の案内，小・中学校などの修学旅行，会社や団体の研修，個人の社会貢献の模索や研究，学術機関の調査等の対応を主に活動してきました。2014（平成26）年度までの3年間で，3万人以上を案内しているとのことでした。

③　必要に応じた再現性・見せ方の検討

　被災地では震災による瓦礫がきれいに撤去され，夏になると雑草が人の背丈ほどまでに生い茂り，冬になるとそのまま草枯れとなり，被災当時の面影はありません。見渡すと住宅跡に基礎が残り，かろうじてわかる程度です。また，車を走らせると景色は自然と同化し，そこが住宅地であったこと，民宿等の宿泊施設が密集していたこと，商店や公共施設があったことを忘れさせます。初めて訪れる人にとっては，説明がないと，そこに生活の営みやにぎわいがあったことを理解できない状況となっています。

　震災の再現性を高めるため，震災の爪痕を生々しく残す方法もあります。被災地見学への対応としては有効かもしれませんが，市民の精神衛生や復興を進める側からすると望ましい環境ではありません。

　資料整理の方法を考えるとき，資料を使って必要に応じて，できるだけ現在と震災時の比較ができることを意識しました。

④　事業の妥当性と迷い

　このアーカイブ事業について，図書館がそこまでする必要があるのか，妥当なのかと言われたことがありました。私自

身,自問自答することもありました。中には,図書館から離れた作業と判断される部分もあると思います。

　しかし,私たちは甚大な被害を与えた東日本大震災から学んだことがあります。私たちは図書館員であるが,市の職員でもあり,一市民でもあり,当事者でもあるのです。まちが立ち上がろうとするときに,それぞれができることを見つけて作業をしていくことが必要であり,求められてもいるのです。当たり前のことですが,どうしたいか一番知っているのは当事者です。そして,地域の図書館の強みは,そこにしかない地域資料を集めることです。それができるのが図書館なのだと,アーカイブ事業の妥当性を訴えかけました。

　スタッフの間でも,妥当性,迷いや疑問が出ました。震災に関する資料は大量にあり,どう整理するか,手を付けるか,資料と向き合う前からお手上げになりがちでした。しかし,収集事業ができる時期に来ているのではないか,今は疑問があるかもしれないが,今しか集められない資料ばかりである,10年後,20年後の評価はどうだろうか,と問いかけ続けました。そして,やらないで後悔するのはやめよう,今は体当たりでやってみようと,冗談を交えたりしながら,ことあるごとに話題にしました。

　さらに,司書として何ができるかを前向きに考えたことが,正規・非正規職員の枠を越えて,図書館の日常業務にプラスして進められる原動力の一つになったと感じています。

　その効果として,勤務を重ねる中で司書の世界に魅せられ,通信教育で資格取得を目指す人があらわれました。臨時職員を募集したときには,子どもの頃の当館利用者でシステムエンジニア経験者,関東からはスキルと知識,志を持った人材

が応募してくれるなど、人と思いがつながっていきました。

(2) 実施計画のヒアリングの中で

2014（平成26）年度の実施計画において、復興交付金の書類を提出しました。市の担当者とのヒアリングでは、感触もよく、復興交付金が事業として認められるひと押しとして、「震災の記録映像集」（DVD）にも取り組んでほしいと追加提案を受けました。館長と二人で顔を見合わせました。DVD作成は未知の世界であり、戸惑いを隠さずにはいられず、いったん持ち帰ることとしました。

さっそく、生涯学習課とも相談したところ、可能な限り検討してほしいとのことでした。館長も覚悟を決めたようで、「やってみるか」と言ってきました。確かに、震災の体験談の映像、写真などを集めているので、形にするのはよいかもしれないと考えるようになりました。

(3) 電子データ公開にかかわるランニングコスト

当初予算ヒアリングや補正予算の組替えの中で、公開の問合せ、出張展示などの初期導入や整備費用においては、補助金や助成金が見込めるが、その後のランニングコストをいかに考えているか、その後の対応について説明を求められることがありました。

これについては、図書館ではこれまで、予算確保で工夫をするトレーニングができていました。今回も「可能な限り安価に継続的に公開できる方法」、「既存のホームページ公開費用内」を前提として、収集から公開・提供までの方針を次のように提案し、課題提起と確認があるたびに説明しました。

その結果，異論は出ませんでした。
① 予算や機器，ソフトや OS のバージョンアップなど，そのときの都合に左右されず，継続的に公開ができるような方法にしていく。
② 汎用性のあるソフトで，閲覧・利用者が誰でも気軽に操作できるようにする。
③ 職員の誰もが操作できる編集ソフト，構成にする。

これらを実現するために，それぞれの特徴を考えながら，以下の方法を採用して公開していくこととしました。
1）文字（震災の体験談）や写真については PDF 形式で作成・公開する。

スマートフォンやタブレット端末の欠点は画面が小さいことですが，この課題をクリアするために原寸大表示から拡大表示の機能があり，PDF 形式ならその閲覧方法に対応しています。また，PDF 形式だと，このような端末機の読み込み速度・接続時間においてストレスなく開けます。ただし，1 ファイルのデータの大きさは 3～4MB が適当としました。

これは携帯端末機の性能や電話会社にもよりますが，スタッフのスマートフォンによる実験と試作を繰り返した結果です。ちなみに，1 ファイルのデータが 4MB を超えると，読み込みが悪くなりました。ただし，技術の進歩により通信環境や機器類は変化しているので，ご了承ください。

2）動画（震災の体験談）については，YouTube サイト上に登録し，ホームページにはめ込み公開する。

YouTube サイトで公開するメリットは，無料でできること，図書館ホームページ上に容易にはめ込みが可能であること，また，公開設定を細かくできるようになっていることです。

例えば，アクセス数は極端に下がりますが，YouTube サイトからは視聴させずに，はめ込んだ図書館ホームページからのみ公開する設定ができます。YouTube サイトでの視聴では，視聴者に自動的にお勧めの類似映像が紹介され，あたかも公開者が勧めていると誤解を招く恐れがあります。図書館ホームページにはめ込み公開とすることで，そのリスクを回避することができます。

(4)　新年度に備える

　2014（平成 26）年度に着手できるよう，年明けから市の窓口担当課とメールで申請の調整をしました。その後，復興庁の職員が来庁してヒアリングが行われ，おおむね認められました。しかし，申請結果がなかなか届きません。大丈夫かどうか少し不安を覚えはじめた頃，市の窓口担当課から申請が受理されたと 1 通のメールが入りました。議会でも同時期に無事承認され，これで準備が整いスタートラインに立つことができました。

11.3 事業着手（収集から保存まで）

　事業実行のスケジュールは，上半期は収集・整理を半年間集中的に行い，下半期は保存と公開・提供調査に向けた作業を中心に行うこととして，作業内容・進捗状況をチェックしながら，臨機応変に進めていきました。

(1)　震災新聞記事

　これまでの作業を継承し，本市関係震災新聞記事の見出し

を図書館システムに入力したもの，これから入力しようとしているものも含め，キーワードを大幅に追加し，写真クレジットなども入力し，検索機能をアップしました。2014（平成26）年度末までには1万2千件を収集・整理し，約8千件の入力が完了，検索が可能となりました。

また，新聞については，新聞紙が酸性紙なので劣化が早いことから，脱酸処理業務を委託し，長期保存に向けた作業にも着手しました。

新聞の製本について納品後に気づいたことですが，あと一歩の工夫と知恵が不足していました。それは配架方法です。当初，背を縦にした配架方法を想定していました。他館を暇を見ては見学し，知恵をつけていたつもりでした。

しかし，背を上にして配架し，ハードケースの天または地に書名等を記載すれば次の利点が生まれます。まず，新聞は薄くて腰がないので，背を上に向けてつり下げることで保存状態がよくなり，紙のよれが防げます。また，背を上に向けることで奥行きは15cmほど増えますが，書架の1段分余計に配架が可能となり，収蔵能力が増えることがわかりました。

(2) デジタル写真整備
① 写真ファイル（データ）へのメタデータ貼り付け

臨時職員の伊藤秀大を担当として，写真データにナンバリング・日時・場所・撮影者などのメタデータを効率よく付与する方法について検討を重ねました。伊藤は，インターネット上のフリーソフトについてユーザー評価を参考にして複数検証しました。今回の作業で安定して耐えられるソフトか確認するとともに，汎用性や操作方法の習得も兼ねて作業しま

した。作業方針が決まり，本格的な作業において伊藤は，次のことを経験と知識として習得していきました。

1) この作業は地元の地理を把握していないと難しいこと。撮影ポイントによって目標物が異なる形状に見えるため，慎重にならざるを得ないこと。
2) 正確な作業のためには，被災当時，現地を歩いた経験が必要となること。記憶が曖昧なときは，Google Earth やインターネット上に投稿されている関連情報を確認すること。
3) 前記 2) で判断が難しい場合，撮影された地区に住むスタッフや市職員に聞くこと。
4) 提供された写真撮影日のデータが，撮影機器の設定により明らかに間違って狂っている場合は，電話などで確認を要すること。

また，メタデータの付与作業に慣れてきた頃に，提供者は違うがどうも同じ写真が入っているようだ，と報告を受けました。収集した写真はすでに 2 万枚以上あり，そしてこれからも寄せられるであろう写真を 1 枚 1 枚チェックするのは物理的に難しいと判断し，重複しても仕方がないと考えました。

しかし，伊藤は同一写真を探すフリーソフトをインターネット上で発見し，さっそくチェックをかけていきました。結果的には，重複は一部だけでしたが，受入時に写真提供者から一言，もらい受けた写真であるか市役所などに提供実績があるか，確認する必要があることを教訓としました。

今回の経験で，実績がなければ，仕様書にまとめて業者に委託するのは非常に困難と感じました。実際には手探りで，実際のデータで試行しながら仕様を考えたので，仕様書を書

き上げる頃にはメタデータの付与が終わるのではないかと感じたほどです。

また，この作業は，時期を遅らせて復興が落ち着いてから着手した場合，以下の弊害があると考えています。
1) 津波で被災した建物を写した写真の場合，取り壊されたり新しい建物ができるなどして，風景が変わってしまうと，記憶が曖昧になる。
2) 交付対象事業メニューがなくなってしまう可能性がある。その結果，震災資料が集まっても整理や保存，提供に向けた公開調査作業ができなくなってしまう。また，震災前のように人員確保が望めるか，先行きが不透明である。

② メタデータ貼り付けの検証

全体的な作業については，以下のとおりです。

2013（平成25）年，「サマーサンタクロース作戦」の最中に，効率的な作業のあり方について，日本図書館協会の吉田氏，矢﨑氏に相談し，メタデータ付与の支援を検討してもらえることとなりました。

当初は，前年度と同様にワード（Word）ファイルに写真を貼り付け，写真のメタデータを注記後，PDFにしていくこととしました。しかし，ワード上での作業は，効率が悪く手間がかかるため，既存のパソコンソフトでできる別の方法を再検討することとしました。

そうした中，写真を担当している臨時職員の阿部ゆず子が，パワーポイント（PowerPoint）だと簡単に写真にクレジットを入れられることを独学で習得しました。また,フッターに「宮城県東松島市」と入力することで，さらに容易に作業ができ

ることを習得しました。自治体の名称を入れることにしたのは，不特定多数の人が閲覧することによる悪意からの予防措置と，出典や所在を明確化するためです。写真の取り込みもワードと異なり，面倒な作業を繰り返さなくても「フォトアルバム」機能を使うことで一括してできました。このように試行錯誤しながら，作業の効率化を図っていきました。

写真へのメタデータの貼り付け作業については，協会と覚書を交わし，白百合女子大学学生（担当：座間直壯氏），仙台白百合女子大学学生（担当：生出登氏）と連携して，2013（平成25）年，2014年と2回に分けて行っていただきました。

この作業を担当していただくにあたり，支援を受ける相乗効果として，こちら側には以下の期待がありました。

1) 被災地のことを知ってもらえる。
2) 被災地に来なくても，来られなくても支援活動ができることを実感し，被災地支援の実態や実状を知ってもらえる。
3) 作業に携わってもらうことで，当事者だけがつくったデジタル資料ではなく，みんなでつくり上げたという意識の共有を図りたい。そして，さらに友人や親類縁者に拡散してもらい，多くの人に見てもらうことで，理解を深めることができ，自然災害の脅威を忘れられることがないのではないか。

メタデータの付与・貼り付けにかかわる覚書や作業手順は参考8⑩を参照ください。

③ メタデータ貼り付けと加工

2014（平成26）年度から，新規に提供を受けた写真をこれま

での作業と同様に行う一方で，公開に向けて，表札や車のナンバープレートのマスキング，微調整作業を地道に進めていきました。

　この一連の作業により，2013（平成25）年6月の一部公開時には，9地区で約2千枚を公開していましたが，その後は以下のように段階的に公開していきました。

・2015（平成27）年2月時点
　31地区（大区分），391地区（小区分）約20,400枚公開
・2016（平成28）年1月時点
　31地区（大区分），462地区（小区分）約27,000枚公開

　上記の大区分は大字名・国道沿い・大目的とし，小区分は小字名・時間・名称などとしました（参考8⑩に一例を記載）。

　この分類によって，地区やその被災場所が細かく整理され，ホームページ上でみることができるようにしました。これは，市内の事業所や公共施設にQRコード入りステッカーや看板を200か所以上に設置したときに役立ちました。詳細は11.4(3)で記させていただきますが，このQRコード入りステッカーを個人の携帯端末機やタブレットで読み取ると，その地域・場所の震災当時の様子をPDF形式で見ることができるものです。今後は，デジタル公開だけでなく，地区（小区分）ごとに出力し，印刷製本して貸し出したり，図書館システム上で検索したりできるようにする予定です。

　写真へのメタデータ付与の完了後に，一つ採用したかったことがありました。それは，「宮城県東日本大震災アーカイブス連絡会議」で，東北大学教授の柴山明寛氏から，「みちのく震録伝」のメタデータの内容をヒントに学んだことです。そこではデータ入力の際，「基礎タグ」と「ソーシャルタグ」

に分けて入力しているそうで，まず，「基礎タグ」は写真できちんと写し出されているものや，読み取れるものを入力し，「ソーシャルタグ」は，うわさなど不確定要素の情報や寄せられた情報などを入力し，カテゴリーをきちんと分けているとのことでした。確かに同様の部分でメタデータにするかどうか悩んだこともありましたので，大いに勉強になり，取り入れたいと思ったことでした。

(3) 震災の体験談

震災の体験談収集事業については，これまで同様の取材方法で，宮司，ラジオのアナウンサー，新聞記者，配送業やガソリンスタンド業などの職種の方に，体験談の未収集地域や不足している体験談を埋める作業を地道に行っていきました。

① 震災の体験談を英語化する

その中で，あるうれしい出来事がありました。

幼児教育者の藤田浩子氏（以下「藤田氏」）が年に数回，図書館に来館し，親子向けに講座の開催や，子どもたちが元気になるようにと，本やクリスマスツリーなどの寄贈で支援してくれていました。また，藤田氏はアメリカ在住の日本人の方々とも交友があり，支援の仲介をしてくれました。

特に熱心に支援をいただいた方は，三川幸江氏や西野文子氏でした。バザーや人形劇などでの収益金や募金を，地元書店を通じて寄贈してくれました。また，ニューヨーク補習授業校W校の児童や生徒・保護者の方々も，同様の方法で熱心に，Amazonを通じて支援をしてくれました。

木原ひとみ氏は，被災地に役立てばと，より詳しい情報を

集めてニューヨークに報告するため，一家で来日してくれました。その結果，木原氏のおかげでニューヨークでの「ハリソン春祭り」の実行委員会ともつながり，実行委員会から図書の支援や励ましのビデオレターをいただきました。遠い海を越えて，気持ちが前に向くような支援に感謝せずにはいられませんでした。

その一方で，だめで元々で，震災の体験談を英語にして，ホームページを通じてより広く発信したいと，英訳支援の可能性について木原氏にお願いのメールをしました。これまでの物資の支援はうれしく，感謝していました。しかし，「その人にしかできないこと，他の人より優れてできることを活かした協力を検討してほしい」と書きました。

すると，ニューヨーク在住の日本人のつながりで，頼廣陽子氏を紹介します，と連絡がありました。さっそく，その頼廣氏からメールが入り，夏頃には日本に一度帰国するので，詳細を教えてほしいとのことでした。

2014（平成26）年夏，頼廣氏一家が来館してくれました。被災地の希望として，一人でも多くの人に英訳に携わってほしいという思いを，以下の内容で伝えました。

・国内外から支援をいただいているので，その人たちに震災の状況や支援への感謝を英語でも発信したいこと。
・同情ではなく，共感してほしいこと。その共感をできるだけ広く発信することで，「他人事」から「自分事」に変わること。その結果，自然災害が次々と発生する昨今，この災害を「自分事」として捉えてもらい，教訓にしてもらえれば，被災地としてはうれしいこと。
・支援の方法にはお金や物もあるが，このように被災地に来

られなくても，支援活動ができること。支援は多様であること。

　頼廣氏は，どれだけ賛同者があるかわからないがFacebookや仲間を通じて呼びかけてみると話してくれました。また，タイムリミットや，データのやりとりの方法，地名や名前の併記についてと，差しあたっての疑問点を投げかけてくれました。また，仲間は英訳のプロではないこと，それでも希望するかなど，親身に確認と質問をしてくれました。

　頼廣氏が一番気にされていたことは，英訳のレベルでした。しかし，こちらは，プロが英訳したものを望んでいないことを強調しました。確かに，プロに依頼すれば間違いはないと思います。しかし，一人一人の方が携わることによって震災当時，起きたことに共感してもらいこの体験談が広がりをみせ，遠い海の向こうの人たちに英訳で震災を伝えてくれたら，こんなにありがたいことはありません。携わってもらうことを通じて拡散すれば，一人でも多くの人に震災の状況を知ってもらえることにつながります。言葉は相手に伝わってはじめて生きてくるものですので，重ねてお願いをしました。

　頼廣氏の呼びかけで，賛同者は総勢86人となりました。東松島市図書館震災記録「震災の出来事」翻訳ボランティアは「Words to the World」と名づけられ，翻訳が行われました。翻訳仲間は，米国，カナダ，ブラジル，ヨーロッパ，日本のほかアジアに住んでいる方々で，まさに世界規模で協力いただきました。また，頼廣氏の夫・圭祐氏も賛同し，圭祐氏が勤務するPwC JAPANの社員101人の方々からも協力をいただきました。

　2014（平成26）年12月には英訳が完了し，公開させていた

だきました。現在，この英訳された震災の体験談は，図書館ホームページ上で確認ができますので，興味のある方はご覧ください。

また，2015（平成27）年度においても，第二弾として英訳の作業に引き続き取り組んでいただき，37人の方の協力で，10月に完了しました。取り組みの特徴としては，2014年の英訳メンバーに加えて，頼廣氏の友人や知人を通じて紹介された「東京フロストバレーYMCAパートナーシップYRM（中高生定例活動）」のメンバー18人が含まれています。このグループは，アメリカ・ニューヨークで活動している東京YMCA関係団体の中の日本人または日系人の中学生や高校生たちです。若い世代にぜひ体験談を読んでほしい，伝えていってもらいたいという思いで，翻訳をお願いし実現しました。

② 震災の体験談をとり終える

英訳化実現という，うれしいことと平行して，2015（平成27）年3月，東松島市在住の石巻日日新聞記者の体験談を収録して，予定どおり151人の取材が完了しました。取材完了時の帰りの車中で，スタッフ同士，達成感というよりも，終わった寂しさがありました。また，写真の定点観測のように，復興期やその後を定点的に取材することも必要ではないか，という意見もありました。しかし，予算やスタッフの確保が現実的に難しいことから，いったん終了することとしました。

(4) 震災資料収集

避難所・応急仮設住宅等の各種の活動記録やチラシ，回覧資料等の紙媒体の資料については，2014（平成26）年度，作業

人数を確保して整理・製本を行いました。また、脱酸処理を行い長期保存ができるようにしました。

　図書館システム上で目録データ入力ができるようになり、現在も資料は増えつつありますが、2014（平成26）年度の入力データ件数は、約2,200冊です。

11.4 アーカイブの公開から活用まで

　これまで収集・整理・保存作業を行ってきたこと、これから述べさせていただく、公開・提供、活用調査等の取組を図にすると以下のとおりです。

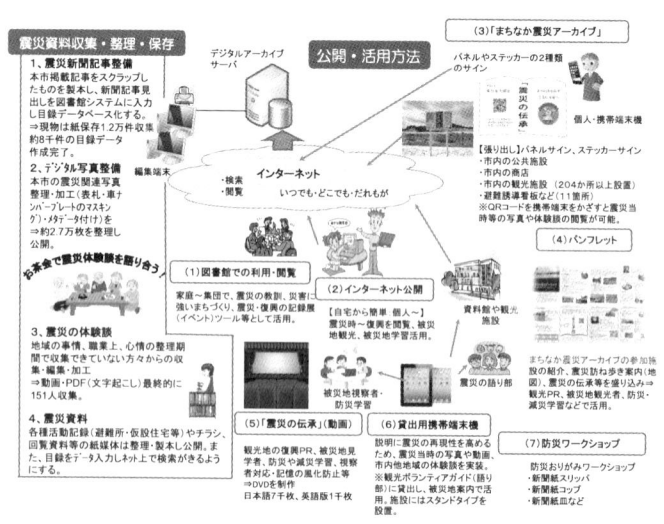

ICT地域の絆保存プロジェクト「東日本大震災を語り継ぐ」事業　イメージ図

(1) 図書館での利用や閲覧

これまで収集してきた震災資料を，家庭から集団までさまざまな人たちに提供し，震災の教訓としてもらい，さらに災害に強いまちづくりを進めるため，震災・復興の記録展などのイベントで活用しています。

(2) インターネット公開

当初公開していたホームページは，私自身がつくったものですが，アイディアはあっても技術や作業にかかわれる時間のなさから限界を感じていました。

この取り組みが3年目となり，事業も大詰めを迎える中，先にも触れたように，臨時職員としてシステムエンジニア経験者が入りました。おかげで，2015（平成27）年2月には，ホームページの全面リニューアルができ，発展的でよい仕上がりになりました。

また，これまでスタッフ間で，「自分事」として期間や到達点を見据えて取り組んできたものの，あと一歩のところなのに，なかなか出口が見えないトンネルの中にいるような感覚がありました。しかし，年度末になるとうまく追い込みができて，完成の出口が見えてきました。同時に，アクセス件数も順調に伸びてきました。

2013（平成25）年度（5月から一部公開）
　　　　　　　　　アクセスユーザ数 4,371件
2014（平成26）年度　アクセスユーザ数 5,611件
2015（平成27）年度（11月末現在）
　　　　　　　　　アクセスユーザ数 7,183件
　　　　　　　　　セッション数　　 8,693件

2015（平成27）年度より，アクセス先などの利用統計を細かく見ることができるGoogleのアクセス解析を活用しています。

　下記のとおり「まちなか震災アーカイブ」の整備が行われた結果，スマートフォンや携帯端末機からのアクセスが多いこと，土・日・祝日，研究機関の研修会や会議など，近隣での催しの前後にアクセス数も伸びる傾向にあります。

　また，震災関連のデジタル写真点数の充実に伴い，企業内研修や被災地支援の参考資料としての利用希望が出てきました。これらに対応するため，使用許可申請書・許可書を用意しました（参考8⑨）。

(3)　「まちなか震災アーカイブ」

　震災アーカイブの利活用の促進をねらいとして，公共施設・商業施設・観光施設など市内の至るところで，気軽に個人のスマートフォンや携帯端末機（タブレット機）から，地域ごとに震災の被災状況を見ることができる仕組みを図書館がつくり，取り組むことへの可能性について調査・検討しました。その結果，該当地域のサイトURLをQRコードで読み取れるようにして，市内各所に活用協力を依頼・配布することとしました。具体的には次の2種類を作成しました。

1) QRコード入りのステッカーサイン（以下「ステッカー」）：各施設の玄関や店内等に貼り出してもらう。
2) QRコード入のペンスタンド：食堂などのテーブルに箸置き代わりに置くことで，注文を待つ間に気軽に見てもらう。

　QRコード入りのステッカーは，市民や被災地見学などで

訪れた方々が，自分のスマートフォンやタブレット端末機をこれにかざすと，その地域の震災時の写真や体験談が見られるように計画しました。

　2014（平成26）年7月から，チラシを施設や商工会を通じて商店などに配布してもらったり，公共施設を管理している各課に関係者への紹介を依頼するなどして広報を行いました。また，ホームページ上で協力事業者を呼びかけ，地元新聞にも掲載依頼をして，さらに賛同者を募りました。河北新報の紹介記事の見出しには，「携帯でピッ　震災記録でパッと　東松島市，伝承事業を拡充」と紹介され，スタートは好調に見えました。しかし，残念ながら応募者が少なく，なかなか浸透しませんでした。

　7月下旬からは，市内のタクシー会社等にも協力してもらい，図書館が試験的に耐水・耐光用のラベルシートでステッカーをつくり，タクシー等に貼り出してもらうことで，認知度の向上に取り組みました。良心的なタクシー会社からは，後部座席のドアに貼ろうとしたら，シールが薄くて貼り出しに失敗したので代わりがほしいなどと提案があり，試行錯誤しました。耐水性，耐光性などでラベルシートの吟味等を行い，再度貼り出すお願いをしました。

　また，8月下旬からは，公共施設への貼り出し推進として，校長会の会議の席で協力依頼をしました。さらには，ステッカーを貼り出す場所，協力してもらえそうな施設や事業者をリストアップしました。37種類（地域）で構築した震災関連のデジタル写真の中から，20種類（地域）程度に絞り込み，私がQRコードのデータを作成，嘱託司書の安藤美里がその頃，グラフィックソフトのイラストレータ（Illustrator）の経験

を積んでいたことから、デザインを担当し作成しました。その後、ステッカーづくりを予算化し、専門業者に制作発注することができました。

10月中旬には、ステッカーなどが納品され、QRコード入りのペンスタンドを図書館でつくりました。申込用紙を片手に、公共施設、商店、宿泊施設、観光施設などの事業所を1軒1軒歩き、説明して貼り出していきました。市内の商店を歩いてわかったことですが、個人の商店からは快く承諾を得て貼り出すことができた一方で、チェーン店は本部の承諾を得ないと難しい例が多くありました。

地道にお願いしてまわった結果、年末までに97か所に貼り出すことができ、一定数がまとまったため、パンフレットの発注にこぎつけることができました。さらに、次第に知名度が上がり、年明けからも協力店が得られそうなことから、再びまちを1軒ずつ歩きました。その結果、204か所から賛同を得られたので、パンフレットに協力店を追加し、改訂版を印刷できました。

津波到達地点の看板　下の部分にQRコード入りの看板設置

また，国土交通省東北地方整備局が設置した北上川下流河川の津波到達地点の看板，市役所防災課で設置した避難誘導看板など市内 11 か所に，QR コードと「まちなか震災アーカイブ」の協力事業者掲載一覧，津波到達状況を示す地図を合わせた看板を設置しました。

(4) パンフレット
　QR コード入りステッカーの協力事業者紹介，震災の被災状況，特産品や観光 PR，被災地見学（観光）など，防災・減災学習での活用をねらいとして，パンフレットを2回に分けて3万枚作成し，ステッカー協力事業者，観光施設やさまざまな機関に配布しました。

「まちなか震災アーカイブ」パンフレット

　パンフレットを作成する場合，通常はデザインを含めて発注するパターンが多いと思います。しかし今回は，素材集めと同時並行で進めていたため，発注のためのデザイン仕様書

作成等の時間が見込めないとあらかじめ算段していたので，ステッカーやパンフレットのデザインすべて，グラフィックソフトのイラストレータを使い，嘱託司書の安藤美里が作成にあたりました。この仕事を図書館内で取り組んだことで，達成感と自信・実績につながりますし，今後，図書館運営としての強みになり仕事の領域拡大につながる可能性があります。デザインを委託すると，翌年度以降に予算が確保できなくなった場合にパワーダウンを余儀なくされることも考えて，ノウハウのトレーニングとして自分たちで作業しました。

(5) 震災の伝承（DVD・動画）

　これまで，「市民の震災体験談」をビデオカメラと録音機で収集し，15 分以内にまとめて YouTube を通じて公開していました。合わせて録音機から文字起こしをして，ホームページ上ではダイジェスト版として公開，すべて文字化したものは，館内利用専用のタブレット端末で閲覧に供するとともに，出力し，簡易製本して貸出できるよう取り組んでいました。

　先に述べたように，復興政策課から「震災の記録画像集」制作の提案を受けましたが，動画編集や DVD 制作までの作業は厳しいことから，簡易公募型のプロポーザルにより事業者選定を行い，日本語版と英語版をつくることとしました。

　6 月に事業者選定を完了し，これまで当館が撮りためてきたものを事業者に一度チェックしてもらい，不足映像は再撮影，編集を行い，タイトルは「東松島市からのメッセージ〜震災を語り継ぎ未来を創造するために〜」に決まりました。

　映像校正の際，ナレーションやクレジット，映像との整合性，自信のないところは，タブレット端末に落とし込み担当

課に確認しました。例えば、災害廃棄物処理では環境課に見てもらい、処理量の数字やナレーション、誤解を生まないかと確認しました。また、同時に最終編集作業では、数日に分けてスタジオで立ち会い、自分自身の今後の映像編集作業においてよい経験となりました。このような積み重ねで、同年12月にはDVDが完成しました。

「震災の伝承」DVD編集作業

「東松島市からのメッセージ」DVD（日本語・英語版）

配布先は、国立国会図書館や全国の都道府県立図書館、観

光事業者，国際交流を実施している事業所や関連出先機関，修学旅行を扱う事業所など，多岐にわたりました。これが予想以上に好評で，国際会議での需要もあることから，追加で制作し配布しました。また，全国の区市町村立図書館（政令指定都市や大都市は分館にも発送），県内の小・中・高校などにも発送しました。

(6) 貸出用携帯端末機（タブレット）のさらなる整備

震災による被災の再現性を高めるため，震災当時の写真などをタブレット端末に納め，語り部ガイドに被災地案内の中で活用してもらっています。これは，年を重ねるごとに，現地では震災の爪痕を見ることがなかなかできなくなり，言葉での説明だけでは理解が難しくなってきているからです。

ただし，タブレット端末には一長一短があります。大人数を案内する場合は，端末画面が小さすぎて見えにくく，1台の端末で見られる人数は10人程度が限度であることが判明しました。しかし，語り部からは，大人数の場合でも，説明するときに有効活用しているという評価もありました。

また，天気が悪いときや，視界不良で景色が見えないときに備えて，ベストな風景の記録をタブレットで紹介したり，堤防ができる前や工事中の様子，集団移転地の状況をあらかじめ定点撮影しておき，見学者に見せる工夫をして，理解を深めてもらう活用事例が報告されています。

この他，震災の伝承の実用性と可能性の調査を兼ねて，観光施設にはDVDデッキを設置し，動画上映で震災の伝承ができるように整備したり，JR仙石線の元・野蒜駅などには，スタンドタイプのタブレット端末を設置するなどしています。

なお，元・野蒜駅は現在，震災遺構施設として保存・活用され，数年後には公園等として周辺整備が予定されています。

「まちなか震災アーカイブ」タブレット端末

2015（平成 27）年度は，東北大学の佐藤翔輔氏に指導・助言をいただきながら，「まちなか震災アーカイブ」の取り組みについて，今後の利活用も含めて検証していただいています。

(7) 防災ワークショップ

図書館資料を参考にして，身近で手軽に，アイディア次第で年齢を越えて，災害対応能力をアップできるような内容を検討しました。

これまで，年に 1 回の割合でワークショップを試みてきました（10.11 参照）。

2014（平成 26）年度のワークショップについて，インターネット上で参考になるテーマがないか調べていたところ，「防災折り紙」という単語を見つけました。その後，図書館で資

料を探してみると『折って即使える実用折り紙　暮らしのおり紙 110　レディブティックシリーズ』(ブティック社, 1997)で「新聞紙スリッパ」のつくり方が紹介されていました。これだと思い,「防災おりがみ教室」を行うこととし, スタッフ同士で試行錯誤しながらワークショップの内容を考えていきました。さらに, 新聞でつくる紙皿・紙コップなど, 図書館事業として定期的に行うことで, 試行と経験を重ねました。これは評判がよく, 市内の小学校にも出前講座で指名を受けて開催するまでに至っています。

「防災おりがみ教室」小学校出前講座

防災折り紙でつくった新聞紙スリッパ

この防災折り紙，新聞紙スリッパの推奨理由は，避難所生活からでした。震災発生からある一定の時期まで，避難者は履くものがまったくありませんでした。館内はもとより，トイレも素足でした。見るに痛々しく，衛生面からみても非常にひどいものでした。しかし，考えてみれば，避難所の至るところに新聞紙がたくさんあったのです。この教訓を活かして，広めたいと思いました。

　今後，被災地見学などのワークショップにおいて，防災折り紙の後に，避難所開設時での利活用を問題提起し，みんなで考えるなど時間を持つことで，知識と備えができれば，今回の経験が生きると確信しています。

11.5 震災デジタルアーカイブに取り組んでみて

　宮城県東日本大震災アーカイブス連絡会議において，ある担当者が「アーカイブは，はじまりはあるが，終わりはない」と言われていたのが印象的でした。

　さらに構築されて形が見えるに従い，実際の取り組み方を知ることで，決して辛いことばかりではなく，まちにとって一つの財産にもなり，図書館が率先して取り組むことは地域の中で図書館の存在価値も次第に高められるのではないかと考えるようになりました。

　2015（平成27）年度においては，復興期というテーマで引き継がれ，地元大学や小・中・高校と連携を図り，図書館資料としての活用調査が続けられています。

12章 今後の災害に備えて
図書館の事業継続計画(BCP)を考えてみる

12.1 東日本大震災から学ぶ通常の図書館活動の大切さ

　東松島市では，2011（平成23）年5月の連休頃から応急仮設住宅への入居が開始され，8月末には避難所を閉鎖しました。

　2013（平成25）年8月27日，石巻市でそれまで電気が不通だった地区が復旧し，福島県内の帰宅困難区域を除き，電力の震災復旧が完了しました。また同年12月20日，東松島市においては，震災で発生した109万8千トンの災害廃棄物(市内での通常発生量の100年分以上)の手による選別が終了しました。

　2015（平成27）年5月30日，JR仙石線の仙台－石巻間が復旧しました。それまでは一部区間，高城－矢本間は代行バスが運行されていました。同年度内に集団移転地域が続々と完成，引き渡しが行われ，市民生活は復興に向けて進んでいます。

　そのような中で，図書館は心の復興のバロメータだと感じることがあります。そのことは利用者との会話や利用状況から節々に感じられます。

　例えば，2013年夏頃から災害公営住宅への入居がはじまり，復興が完了した住民から，津波で利用者カードをなくしたの

で発行してほしい，利用はまたできるか，といったうれしい問い合わせが多くなってきました。また，同年12月の蔵書点検以降は，震災前と同様，1日の貸出冊数が2千冊を超えるようになりました。館内には子どもの笑い声や泣き声がこだまするようになりました。そして，2014（平成26）年頃からは，災害公営住宅が完成していく中で，図書館から徒歩圏内の入居者から，利用再開希望や新規希望登録者が出てきました。

　結論のような言い方となりますが，東日本大震災を経験して以下のように考えました。

　自然災害が発生し非常事態となった場合，東松島市地域防災計画（以下「防災計画」）に基づき，災害応急対策の配備体制に従って市の職員として対応し，その後は，図書館には事業継続計画（以下「BCP」）があるのでそれに沿って行動すると仮定します。しかし，実際は日頃取り組んでいることしかできず，職員がイメージできないことを急にやるのは無理だと感じました。このことから，BCPはまず，普段の図書館運営・活動に沿ったものであることが肝心だと思いました。もし，災害時に多様な活動を目指すとしたら，普段の図書館運営をまず見直し，その検討が必要と考えます。

　また，施設管理面で，照明器具の電源，ブレーカーの場所，図書館システムサーバーのシャットダウンの方法，水道の元栓の場所，ボイラーの止め方，止水弁の場所など，担当ではないからわからないという「他人事」はどうでしょうか。これも，日頃の取り組みと，「自分事」と捉える気持ちがないと難しいと思いました。

　これは決してBCPを否定するものではなく，BCPが絵に

描いた餅にならないための備えが必要と考え，書かせていただきました。また，図書館の運営面でも同様と考えます。BCPは特別なものでなく，平常時の業務体制，日々の業務の継続計画であり，それは市民の読書活動の継続計画にもつながると思います。

そして，これらの延長線で災害発生時の対応への応用は有効になると考えます。例えば，フロアで館内の様子を一番把握しているのは職員で，地震発生時に図書等の落下物がない安全な場所はどこかを理解しています。また，災害が発生したときに違和感なく自信を持って大きな声を出せるよう，普段からあいさつしたり，おはなし会で発声していれば，避難誘導はだいぶん変わってくると思います。

今回の震災後，市民の読書継続や生活の復旧の一助として，市内小学校への配本業務や巡回図書作業が活きました。この作業を応用して，応急仮設住宅の集会室への「小さな図書館」設置，公共施設や団体への配本ができました。また，図書館として日本図書館協会の施設会員に加盟していたこと，私自身も司書という専門職として研究団体へ入会していたことにより，さまざまなつながりがあり，人的支援として専門家の協力をいただき，「サマーサンタクロース作戦」の実行が可能となりました。これは，たとえその担当者の個人的能力がいくら素晴らしくても，それまでの積み重ねがないと実現は難しいと，改めて思いました。

また当館は，建物も小さく，図書費や正規職員が多いわけではありません。しかし，幸いにも市民，学校，市役所，職場内のつながりはよかったと思います。何気ない，日々の積み重ねが，震災時に活かせたとも考えています。

以下は基本的なことですが，あえて確認のために例をあげます。どこの図書館でも行っている当たり前の業務と心構えだと思います。

① スタッフ間の情報共有：朝夕の5分程度の打ち合わせで確認。
② 利用者・窓口：あいさつするときはきちんと声を出す。はじめが肝心なので，利用者とは登録時の利用とルールの説明などでコミュニケーションをとる。リクエスト・予約にはできるだけ応える。
③ 利用者に返却してもらう認識：返却を忘れている利用者にお知らせする。図書館から足が遠のいている場合を考えて，コミュニケーションを図り，来館を促す。
④ 資料収集：継続性が大切。例えば，新聞の市関係記事を地域資料として日々スクラップ作業を行う。
⑤ 市民に協力してもらう：協力者として，パートナーとして。
⑥ 情報を発信していく：ホームページや市報の中の図書館だよりで終わるのではなく，地元新聞にどんどん記事を出してもらうことで，まちのシンボルとなれるようアピールしていく。

12.2 東松島市図書館の BCP をつくるとしたら

災害や予期せぬことの発生に備えた BCP について，作成にあたって参考事例にしたいこと，考慮したいことを列挙します（各ホームページの確認は，2016（平成28）年1月1日現在です）。

（1）参考にしたいこと

　『みんなで考える　図書館の地震対策』（日本図書館協会，2012）の「Ⅴ．参考資料」において，参考1「図書館の事業計画を（BCP）をつくろう」で，松岡要氏が図書館とBCPの関係や取り組みの必要性について書いています。また，国立国会図書館の「国立国会図書館業務継続計画」（2012（平成24）年3月30日策定，2015（平成27）年4月7日改訂）が，同館のウェブサイト上で確認できます。さらに，宮城県図書館では2013（平成25）年6月12日，BCP（情報システムに係る事業継続計画）机上訓練を実施し，参考になります。

　図書館以外では，宮城県の商工経営支援課が2014（平成26）年3月に発表した「みやぎ企業BCP策定ガイドライン」を，同課ホームページでPDF形式として見ることができます。

　以下はこのガイドラインの抜粋です。

　　東日本大震災でも，多くの企業が廃業・倒産に追い込まれ，多くの人々が職を失いました。……その一方で，BCPの適切な実行により，震災後の取引先の拡大に成功した企業もありました。……企業規模が小さいほど，意思決定のスピードとその後の社員一丸となった効果的な対応が可能であることからも，規模の小さい企業ほど，BCP策定の必要性と有効性は高いと言えます。

　宮城県は，BCPをゼロからつくる難しさを克服し推進するため，失業予防策，経済や生活基盤の自然災害などからの被害を少なくするため，企業へのBCP策定推進のため，以下の3つの雛形モデルをワードファイルで公開しています。これは直接入力すると完成します。図書館でも活用できるものなので，参考としたいです。

みやぎモデル1　緊急事態対応の最も基本的な機能だけに絞ったモデル（大地震対応）
みやぎモデル2　緊急事態対応に必要な機能を一通り揃えたモデル（大地震対応）
みやぎモデル3　緊急事態対応に事業継続対応を加えたモデル（オールハザード対応）

(2) 東松島市地域防災計画について

どこの市町村でも防災計画がありますが、当市においては、宮城県沖地震を強く意識し、震災前から策定されていました。現在は、2014（平成26）年2月改訂版として、ホームページにPDF形式で収録されています。全914ページ、5編で構成されています。

第1編　総則
第2編　風水害等災害対策
第3編　地震災害対策編
第4編　津波災害対策編
第5編　原子力災害対策編

そして、第5編以外のそれぞれの章立ては次のとおりです。

第1章　災害予防対策
第2章　災害応急対策
第3章　災害復旧及び復興対策

この東松島市地域防災計画において、図書館職員は直営職員であることから、職員行動などすべてが該当します。BCPをつくる際は、防災計画との整合性を強く意識する必要があります。また、その中でも、生涯学習課が図書館の所管であることから、次の意識が必要となってきます。

まず,「第 1 章　災害予防対策」の「第 6 節　防災知識の普及」において，継続的な防災教育に努めるこが大切です。具体的には，市民への防災知識の普及，広報，パンフレット配布など，社会教育を通じての啓発活動です。
　この他に，同節中での 8 では,「市，教育委員会，防災関係機関等は，地域防災力の向上を目指し，今後の災害対策を強化するため，歴史的資料の活用に基づく災害教訓及び防災文化の伝承を行い，時間の経過とともに東北地方太平洋沖地震の経験及び記憶が風化し，忘却されないようにしっかり後世に引き継ぐ」としています。詳細は次のとおりです。

①　資料の収集及び公開
　市及び教育委員会は，国及び県と連携し，過去に起こった大規模災害の教訓及び災害文化を確実に後世に伝えていくため，大規模災害に関する調査分析結果及び映像を含めた各種資料をアーカイブとして広く収集及び整理し，適切に保存する。また，市は，広く一般の人々が閲覧できるよう公開に努める。
②　伝承機会の定期的な実施
　市は，教育委員会，学校，企業，NPO 等と相互に連携し，過去の災害の脅威，体験談等を語り継ぐ機会の定期的な実施等により，市民が自ら災害教訓の伝承に努め，過去の災害を風化させず，防災意識を啓発するよう努める。
③　伝承の取り組み
　市及び教育委員会は，災害教訓の伝承の重要性について啓発を行うほか，大規模災害に関する調査分析結果及び映像を含めた各種資料の収集，保存，公開等により，市民が

災害教訓を伝承する取り組みを支援する。

「第2章　災害応急対策」においては，万が一，災害が発生した場合は，第13節の職員の配備体制に基づき（当市は各課で連絡網がすでに整備されている），勤務中はもとより，夜間や休日に発生しても招集されます。また，第19節の避難収容対策においては，体育施設や文化施設の管理面との関係で，生涯学習課では避難所対応箇所の職員が担当します。

(3)　図書館としての防災計画への補足事項

震災の経験から，災害予防対策として，個人やスタッフ間で意識していること，心がけていることを「参考9」に記したので，興味のある方は参考にしてください。

以下に，災害対策として地震と津波を意識した場合，BCPに盛り込みたいことを示します。そして，阪神・淡路大震災の教訓から「事前復興」という備えができたとのことで，こちらも合わせて示してみたいと思います。

この「事前復興」という考え方ができた理由として，復興へのステップの中で，地権者との権利処理などの問題により，被災地の区画整理に10年以上要してしまったことがあります。震災からの復興の進め方，震災後の将来像を考えておく，復興するためには何が課題を知っておくことが必要です。自然災害は予定どおりとはいきませんが，ちょっとした承諾や理解，協力など，事前に心得ておくのとおかないのでは，だいぶん違うと思います。さらには，災害への意識，危機管理，防災・減災を考える上でもトレーニングになると感じました。図書館の建物が倒壊せず運営できた場合，市民の読書環境や

震災資料の構築という面で，事前復興は有効と考えます。

　① 災害発生直後
・利用者：館内アナウンス（放送機器が使えないことも想定），利用者の安全誘導。怪我人の有無確認。帰路・自宅の確認・連絡の案内（海から3km圏内は危険であること，親類縁者に図書館から最寄りの避難所となっている学校に避難することを，災害用伝言ダイヤル171やメールなどのツールで知らせることを強く指導する）。
・スタッフ：スタッフの安否確認（職員以外全スタッフを含めた連絡網の用意），津波襲来が想定される場合は，沿岸地に家がある者は帰宅させない。
・施設：破損箇所の確認，施設の災害復旧などで写真や記録が必要となることから，撮影や記録。入口に「臨時休館」の貼り紙。
・生涯学習課に現状報告，災害後の行動対応の確認と次への行動が取れるよう待機。

　② 発生から３日以降
・市職員としての行動：災害対応業務。避難所担当時には，これまで防災・減災で取り組んできた「防災おりがみ」などを活かす。避難所設置の長期化が見込まれるときは，少しでも読書環境を継続提供することを考え，ブックトラックなどに年齢層を考慮して図書搬入の検討と実施。
・市図書館職員としての行動：今後の災害対応と開館に向け，館内で図書館のBCPの実現性へ向けて見通しを検討。
・図書館施設：ライフラインの復旧と館内の安全行動が確認

でき，スタッフが勤務可能か確認ができた段階で，災害からの復旧活動を行う。これまでの経験では，地震の場合，落下図書の配架作業が中心。
・資料収集：逐次刊行物，特に新聞や新聞の折り込みチラシなどは記録資料にもなるので，配達店の被災状況の確認と配送状況の情報収集を行い，現物確保に努める。また，避難所担当の利点も活かして，資料になりそうな物を使用終了と同時に確保できるよう職員間で共有を図る。

③ 発生から２週間以降
・市職員としての今後の災害対応と，図書館のBCPの実現性へ向けて図書館の意向と教育委員会との調整。余震等の際の安全性検討のため，過去の教訓・事例として以下の状況を示す。また，他市町図書館の開館状況も示す。なお，東日本大震災のときは被災状況などにより，再開時期は相当ばらつきがあった。

【参考】東日本大震災発生後
　　　　宮城県内公共図書館の開館状況
内陸部：3/23 白石市，3/29 蔵王町，4/9 美里町，4/11 加美町，4/12 栗原市，4/19 登米市，4/13 大崎市，4/18 角田市，4/20 大河原町，4/26 柴田町，5/13 宮城県
沿岸部：3/20 気仙沼市（4/7の余震でいったん休館，4/20から開館），4/18～11/30 仙台市（7館被災によってばらつきあり），4/21 塩竈市，4/23 多賀城市，5/7 利府町，5/10 名取市，5/28 岩沼市，6/1 東松島市・亘理町，6/7 石巻市，10/5 南三陸町
※県図書館がとりまとめ，公開しているホームページから抜粋。

なお，当時，石巻市は図書館が避難所となり，3/11 は約 140 人，3/20 には約 120 人の避難者を受け入れていた。
・支援の意識：図書や支援者の受入調整。
・市内読書施設の被害状況の把握（写真で記録）。
・ホームページの作成：開館について，読書施設の被害状況等の情報発信。

　④　発生から1か月以降
・被害状況に合わせて，市民が元気になるよう心のケアも兼ねて，おはなし会の支援受入調整，支援図書の来館者への無償配本の検討。
・災害からの復旧過程において要望がありそうな図書の手配（新聞，地図，電話帳，冠婚葬祭関係書など）。
・施設の被災箇所の改修について災害復旧の調整検討。
・小学校への巡回図書事業の再開可能性の調整を行い，希望する小学校へ配本。

　⑤　発生から3か月以降
・応急仮設住宅への入居，避難所閉鎖を意識して，震災を記録し伝承することをねらいとした関連資料の収集。
・過去の事例では，震災から約3か月後に図書館開館。可能な限り開館実現。
・応急仮設住宅や交通弱者が想定される地域に支援図書を活用して，出張型配本の検討・実施。

　⑥　発生から6か月以降
・貸出図書の返却が滞っている利用者へ連絡の検討と実施。

・応急仮設住宅集会室や仮設市民センターなどに，図書館出張コーナー（「小さな図書館」）設置の館内検討，担当課と実現の可能性について協議。
・災害により施設改修が必要な場合の休館日設定は，蔵書点検等と合わせて休館が可能か否か検討する。
・震災関連のアーカイブについて検討。

⑦ 発生から1年以降
・市内読書施設の現状・支援とマッチング：復旧状況の把握と必要に応じて，図書館が核となって対応を検討（東日本大震災では，震災から2年後あたりから学校側の受入や考える環境ができた）。
・震災関連資料の整理・保存と公開についての実施検討。

参考資料

1　震災直後（市民の行動や心情・個人的に見えたこと）
2　読書施設の被害状況
3　支援本の特徴と市民（被災地）ニーズ
4　支援本のパターン・受入状況・提案
5　移動図書館申込書
6　学校図書館整備調査のお知らせ文書など
7　「サマーサンタクロース作戦・子どもたちへ本を届けよう！」関連資料
　①　東松島市小中学校図書館整備事業　計画書
　②　東松島市小中学校図書館整備事業（準備資料）
　③　東松島市小中学校図書館整備事業【支援者の方へ】
8　ICT地域の絆保存プロジェクト「東日本大震災を語り継ぐ」事業関係資料
　①　体験談・写真映像等提供　申請用紙（初期バージョン）
　②　体験談「語り手」募集　チラシ，承諾書
　③　東日本大震災「心に残るメール」募集　チラシ
　④　震災資料収集に係る電子化・公開承諾書，呼びかけチラシ
　⑤　学校への資料提供呼びかけチラシ
　⑥　「東日本大震災」体験記録の文字化，映像化のルール
　⑦　「きっず夏休み復興アーカイブ記録・編集ワークショップ」チラシ・申込用紙
　⑧　定点記録デジタルカメラ撮影に関する覚書
　⑨　デジタル資料提供・使用許可申請書，許可証
　⑩　デジタル写真データの整理に関する覚書
9　減災に備えて

参考1. 震災直後（市民の行動や心情・個人的に見えたこと）

　震災発生時からの避難所の状態については，以下のことが多く見られました。

【避難所生活⇒精神面・健康・生活環境】
≪健康≫⇒生活習慣病（高血圧・低血糖（水分不足・栄養摂食不良）），低体温症，津波肺，貧血，嘔吐，地震や津波で怪我（打撲・骨折・切断）
※ストレス？⇒喫煙者，飲酒が増加
≪メンタル≫⇒パニック，情緒不安定，躁うつ（予備軍含む），子ども返り（甘え・夜泣きほか）
≪いざこざ≫≪震災初期から2か月過ぎ頃まで≫⇒いびきがうるさい，食べ物があの人だけなぜ，子どもがうるさい（夜泣き・ぐずる），くさい，ほこりっぽい，あいさつがない（コミュニケーション不足）
≪生活≫⇒食糧難，水不足，トイレ，ゴミ処理，衛生管理の難しさ（泥・津波・埃・汚泥等）

　震災直後においては未曾有の災害ということもあり，情報がまとまっておらず散在し，以下の【1】が多く見られ，求められました（特に避難所は手探り状態）。
　震災から3日程度経過するに従い【2】が求められ，時間の経過とともに不満が出る一方で，自分たちで環境を変えていこう，できることは自ら取り組もう，という気持ちが芽生え，情報を把握して行動したい意識が多く見られ，以下の【3】が求められました。

【1】 【求められたことや情報　震災直後〜】
① リスクコミュニケーション
《不安・心配⇒不信⇒不満》
② 安否情報（家族・友人・仕事関係）⇒昼夜問わず個人捜索
③ 避難所の場所・連絡先⇒名簿
④ 配給場所・連絡や問合せ先
⑤ 市の動きや対応（救援状況も含む）
⑥ 被害状況（居住地と県内・全国）
⑦ 宿泊者（旅行・出張等）：交通情報，帰宅方法
※情報要求される⇒自己判断の材料（基準）を作るため⇒ラジオ，河北新報（地元新聞），新聞の長所：繰り返し読める，情報ストック，電気に頼らず，読める・容易に移動可能。

【2】 【求められた情報　震災後3日目〜】
食糧・水・物品（マスク・タオル・薬品・毛布・衣類・歯ブラシ・生理用品・ミルク・おむつ等）
いつ？　支援してもらえるのか。

【3】 【求められた情報　震災後10日頃〜】
① ライフライン，インフラの復旧（いつ？）
② 免許証・保険証・銀行のカード・クレジットカードの津波等による紛失対応
③ 不動産関係の処理（土地・建物）
④ 電気料金・電話料金・水道料金など各種支払，停止方法や減免
⑤ 行政関係の手続き：転入転出（住民票）・死亡届・廃車方法

参考2. 読書施設の被害状況

(1) 市民センター配本所

　従来，公民館として運営されてきた施設が，2009（平成21）年4月から市民センターとして本格的に運営を開始，それに合わせ配本所（蔵書5千冊程度）として位置づけ，5か所に図書館電算システムを導入，さらに閲覧所として1か所を整備しました。

　今回の震災では，3か所が津波による被害を受けました。図書館電算システムは，津波により使用不可となりました。しかし，津波の被害にあった端末は，備品購入対応に切り替える目前で，新規の端末機はリース対応で，図書館内でセットアップ中だったため，導入目前で被災を免れました。

　全壊した野蒜と宮戸市民センター2か所のうち，野蒜は2階まで津波が到達。1階にあった配本所は，砂や防風林だった松の木などが大量に入り込み，図書や事務所の書類関係とミックスされ，足の踏み場もなく散乱していました。そして，本が天井の隙間に入り込むなどして，水の高さや力がいかに大きかったかを物語っていました。これは，海岸まで数百mという立地も関係があると考えます。現在は取り壊され，更地となっています。

　宮戸の閲覧所は，海岸から数十mで，建物・備品すべてが流失。漁協施設を転用し数年前から市民センターとして活用していましたが，金庫だけが流されず残りました。残念なことに，震災1週間前に新着図書5箱を届けたばかりの出来事でした。

　床上浸水し，改修して使用することとなった大曲市民センターは，目の前が田んぼだったこともあり，塩分を含んだ泥が大量に流入し，図書は自衛隊の協力で泥とともに廃棄，床のカーペットタイルは改修時にすべて張り替えました。木製の書棚は，震災後に確認すると黒カビが発生していたため，すべて交換されました。

野蒜と宮戸の両市民センターについては，民間の支援で仮設の建物が提供され，その中に読書施設を整備（2016（平成 28）年現在）。書架や図書などは，全国からのありがたい支援を得て運営しています。

(2) 学校図書館

　学校図書館の津波被害は，下表のとおりです。特に被害が大きかったのが，鳴瀬第二中学校（海岸まで約 500m）で，校庭にはワゴン車 1 台ほどの大きさの岩が津波の痕跡として残され，プールは津波により 3 分の 1 以上地面からえぐられていました。2 階にあった学校図書館は，ガラスが割れ，木くずや砂，泥が入り込み，複式木製書架や閲覧机は渦上に散乱，黒板には生々しく人の背丈ほどまで津波が来た跡が残されていました。

　このほか，海岸近くにあった浜市小学校も同様の被害で，1 階にあった学校図書館はすべて被災し泥だらけとなりました。

　市内全小・中学校が 4 月中旬まで避難所となり，避難者の生活の場となっていました。

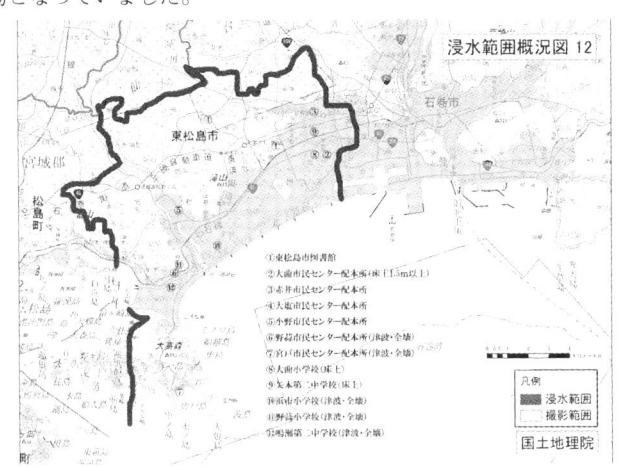

読書施設の被害状況（表にて整理・再掲）

施設	施設数	被害数 床上	被害数 全壊	建物被害	備品類	図書の被害
図書館	1	0	0	天井落下等	書架破損	約3千冊/12千冊(貸出中)被災
市民センター配本所	5	1	1	床上：1.8m 津波到達。改修済み 全壊：2階津波到達。現在は仮設	塩害によりすべて使用不可	2か所約12千冊/床上・全壊により被災
〃閲覧所	1	0	1	すべて流失。現在は仮設	流失	約1千冊/全壊により被災
小中学校図書館	14	3	4	床上：改修済 全壊：3校津波，1校地震（2校は津波被害がなかった学校と統合，2校は仮設校舎対応）	床上：使用可能（2階と3階に図書室があり津波を免れる） 全壊：津波被害2校（1階と2階の図書室が浸水）は使用不可 ※津波（図書室2階），地震被害の各1校は被災を免れる

参考 3. 支援本の特徴と市民（被災地）ニーズ

(1) 求められた図書のジャンル：傾向をピックアップ

　避難所では，数年以内に発行または出版されたもの，埃や髪の毛，食べ物のかすが付着していないもので，落書きや破れがないもののニーズが多くありました。その一方で，児童文学全集や文学全集，百科事典，美術全集などの利用はほとんどなく，発行または出版から数十年という図書も送られてきましたが，ニーズは残念ながらありませんでした。この傾向は，希望者（市民や利用者）への無料配本を行ったときも同様でした。

　また，支援団体が増えてくると，その時代のベストセラー本が重なりあって複本が増えました。初回の配本時は問題ありませんが，「小さな図書館」（応急仮設住宅集会室図書コーナー）の図書入れ換え時，複本がゆえに同じ書名の本が配架されるという事態が発生しました。また，同一書名の文庫本と単行本の再配架，ローテーションの中で忘れてしまい無意識に再配架してしまうことがたびたび起こり，気づいた時点で修正しました。

(2) 避難所にて（集団生活の中で）

　避難所を担当しているとき，他の避難所訪問時に見えたこと，避難者から言われたことは次のとおりとなっています。
・新聞や雑誌：自分が置かれている状況を知りたい，暇つぶし。
・広報誌や行政情報：今後の電気・電話・水道料などの支払い，運転免許証といった証明書をどうしたらよいか。
・絵本：外遊びができないため，特に未就学児童が読書している光景を見る。
・漫画：中高生を中心に読みふける。
　※絵本・漫画：気分転換や時間つぶし，読書によって現実逃避（バ

ーチャルでプライベート空間を作る）。
・クロスワードなど軽めの本：特に男性が鉛筆片手に取り組む。

(3)　仮設住宅にて（仮の住居の中で）
　「小さな図書館」（集会室図書コーナー）の図書入れ換え作業中での会話，アンケートを参考にしました。仮設住宅の場所が内陸部，被災を免れた場所など安全面を考慮した用地に確保されたこと，被災により車等の交通手段をなくした，近くに本屋がない，などの理由が重なり，以下のニーズが多くありました。
・推理小説・時代小説：高齢の方から希望がたびたびあり。
・児童書（読み物（「かいけつゾロリ」，「ルルとララ」シリーズなど，子どもたちに今読まれて人気のある読み物），折り紙，あやとり，だじゃれ，迷路など）。
・絵本：幼児は心の安定，気分転換，小学生からは「ミッケ」シリーズなど。
・漫画：世代を超えて希望が多くあり。
・料理本：珍しい支援物資の調理方法，長い避難所生活により調理方法を忘れたり，料理にバリエーションを出したい。
・手芸本：支援物資で，毛糸や編み棒など現物は送られてくるが，参考図書が同封されていなかった。
・アイディア本：生活自立への商品開発のため。毛糸等でエコたわしを作る→商品とするためのデザイン（使いたくなる模様・機能性を高める形や大きさなど）。
・家庭菜園・園芸：仮設住宅の軒下でも栽培できるプランター栽培方法，季節ごとに簡単に育てられる野菜，支援でいただいたものの栽培方法など。
・国語辞書：被災関係の申請書類作成，親類縁者や支援者にお礼状を書くため。

参考4. 支援本のパターン・受入状況・提案

(1) 支援本の受入量（イメージ）

震災直後の支援は，下記の①現物支援をいただき，4月中旬頃以降からは，②指定支援を被災地からの希望としていただく一方で，支援者の希望に応える観点から③にも対応していきました。

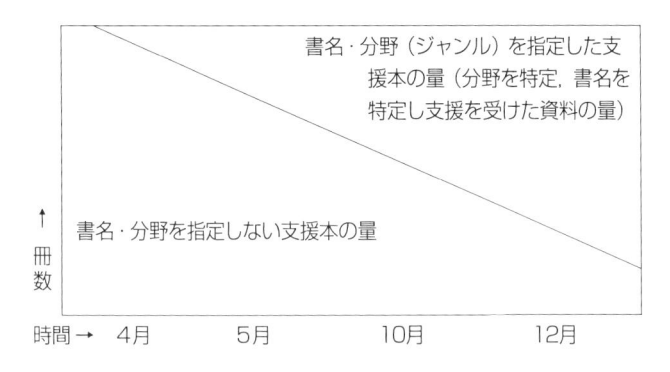

↑
冊数

書名・分野（ジャンル）を指定した支援本の量（分野を特定，書名を特定し支援を受けた資料の量）

書名・分野を指定しない支援本の量

時間→　4月　　　5月　　　　10月　　　　12月

(2) 支援本の受入パターン（一部再掲）

国内外からの支援で，どうしたいか，どのように活用していきたいか，有効な方法を念頭に行いました。一方で，参考3に示したようなミスマッチ支援もありましたが，支援本の受入としては，主に以下の3つのパターンとなりました。

① 現物支援：児童書，一般書の区別で受ける。書名の指定がない支援。
② 特定支援：時間的経過とともに分野や書名等を特定して支援を受けたもの。
③ 現金等支援：歳入処理（内部決裁やお礼状の手配，入金処理など），議会承認（歳出入の計上），予算執行という事務手続きを踏むため，迅速な対応ができないことが短所。また，「図書購入支援」

などと目的を示した寄付採納以外は義援金扱いとなることがあるので配慮が必要。ただし，予算書などに記載され記録に残る，人事異動などで担当が変わっても引き継ぎがしやすいメリットがある。

(3) **支援本として送る場合（理想）**

支援はありがたく，支援がなければ復旧・復興はできませんでした。もし，今後このような未曾有の震災が発生し，被災地に本を送りたいと考えた場合，本編で「被災地で自由に本を選べる支援」，「本屋の棚に並んでいる本を支援」（古本やリサイクル本は除く）と書かせていただきました。しかし，さまざまな諸事情，組織上の都合で，どうしても集めて送ることとなった場合，提供者に対し，少なくとも以下の条件を付することが大切と考えます。

① 郵送料は自己負担。
② 本は支援団体や被災地に利用方法は一任。
③ 提供後は，異議申し立てはしない。例：返してほしい。
④ 被災地からの礼状・感謝は期待しないこと。
⑤ 自分が読まなくなった本，大切な本，思い出のある本，落書き・破れ・埃が付着している本は送らない。

(4) **本を被災地に有効な物資として送るための取組の一例**

被災地が望む支援の一例です。

① 収集：本の提供を呼びかける。
② 仕分け：集めた本を仲間（本を扱っている人：書店員・図書館員など）で支援本としてふさわしいか否か仕分け（被災地のニーズとのミスマッチを起こさないため）　→古本，使い込んだ本，シミ・落書き・破れがないかチェック。また，上下巻や巻数が不揃いな本は支援対象外としたほうがよい。
③ 整理：分野（ジャンル）ごとに整理。

④ クリーニング：埃やチリ，髪の毛などを払う　→被災地の元気を失わせないためにも。古本店が販売する作業イメージ。
⑤ マッチング：被災地でどの分野が必要とされているか，必要数・要望を確認　→多すぎても（保管場所がなくなる），少なすぎても（要望に応えられない，行き渡らない），課題が発生するので，被災地の受入能力や状況に気をつける。
⑥ 発送：宅配業者によってはターミナルそのものが被災しており，発送が困難であったり，受取人が最寄りの営業所に回収に行かなければならなかったりするときがある。できるだけ受取人の負担をなくす配慮と工夫が必要。
⑦ 周知：被災地の環境は刻々と変化するので，送ったことへの見返りや利用についての期待はしないよう，提供者や活動者には改めて周知しておくこと。
※上記は，今回，被災地の立場から見て有効でありがたかった団体（「一箱本送り隊」，「HUG&READ」，「ブークス」など）の取り組みから見聞きしたものを参考に，同時に受け入れる側（被災地）からの経験も加えたものです。

(5) 提案したいこと（支援本の物流について・理想）

　世の中のシステムが変わらなければどうにもなりませんが，端的に言えば「花キューピット」の本屋版ができればと考えます。「花キューピット」とは，生花通信配達に携わる協同組合で，街のどこからでも花を注文すれば，配達先の最寄りの花屋が代行して配達する仕組みです。この仕組みがあれば，以下の図の①～⑤の流れで，支援したい人も最寄りの本屋から被災地に本の支援ができ，被災した本屋も経済的に支援を受けられ，被災地の出版文化の維持が可能になる一つの手段になると考えられます。
　これは震災から2か月後，saveMLAKの岡本真氏が来館時に，画期的な支援方法であるAmazonの「たすけあおう　Nippon　東日本

復興を応援　ほしい物リスト」への登録支援と地元本屋が潤う必要性（地方の文化を絶やさないためにも）を説かれたとき，個人的に思い整理をしてみたものです。図にすると，以下のとおりとなります。

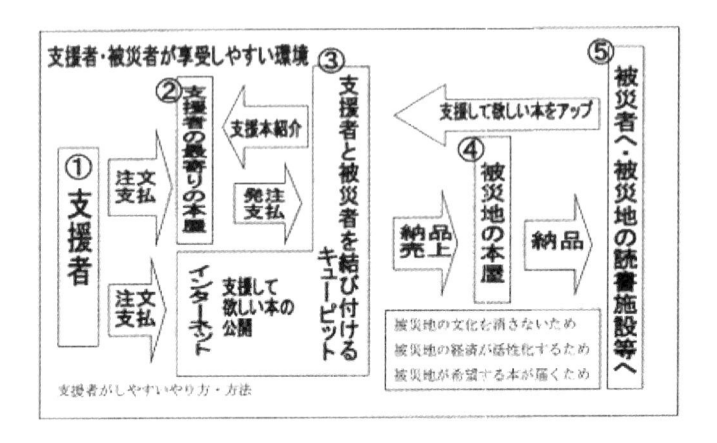

支援者・被災者が享受しやすい環境

① 支援者
② 支援者の最寄りの本屋
③ 支援者と被災者を結び付けるキューピット
④ 被災地の本屋
⑤ 被災者へ・被災地の読書施設等へ

注文支払
支援本紹介
発注支払
インターネット
支援して欲しい本の公開
支援して欲しい本をアップ
納品売上
納品

被災地の文化を消さないため
被災地の経済が活性化するため
被災地が希望する本が届くため

支援者がしやすいやり方・方法

参考5. 移動図書館申込書

この夏 みんなの近くに
図書館が伺います！

　熊本市から、自動車図書館を借りて移動図書館を小中学校の夏休み期間中に行う予定です。
　全国からたくさん送られて来た本を乗せて、子ども会行事やイベントなどみなさんが集まるときに伺う予定です。自由に自動車図書館に積んである2,000冊から好きな本を無料で選んでもらう予定です。
　日程や場所の希望調査を現在しています。ご希望のある方は下記の必要事項を記載していただいて、図書館にFAXまたは来館ください。もし、FAXや来館ができない場合は、一度お電話をください。

移動図書館【申し込み】

地区名又は団体名

申請者【代表者】　　　　　　　　　Tel.

移動図書館【場所】

【日時】

第一希望　平成　　　年　　　月　　　日（　）　時間

第二希望　平成　　　年　　　月　　　日（　）　時間

※自動車図書館の滞在時間は約40分程度の予定です。また、他の地区と重なった場合は調整をさせていただきますのでご了承ください。

問合せ先：東松島市図書館
電　話　0225-82-1120
FAX　0225-82-1121
担当：加藤・三浦

参考6. 学校図書館整備調査のお知らせ文書など

事 務 連 絡
平成 24 年 6 月 13 日

市内小中学校長様

東松島市図書館
（公印省略）

学校図書館整備の調整について（お知らせ）

　梅雨の候　日頃より子どもの読書活動にご協力頂き，厚く御礼申し上げます。
　さて，子どもたちの読書環境の形成，調べ学習を発展的に行う場合，学校図書館の活性化は必要で，図書の廃棄・受入の選書が欠かせません。
　つきましては，被災地支援として現職者（司書）や司書資格を目指している学生の希望者と調整を行いたく別紙記入をいただきまして，下記の日程までファックスでご回答をお願いします。

記
1，回答期限　　平成 24 年 6 月 22 日（金）

> 東松島市図書館
> 電話　82-1120
> 担当　副館長　加藤

東松島市小中学校図書館　整備希望調査

回答期限：平成 24 年 6 月 22 日（金）

図書館FAX番号　82-1121

添書なしで，このままファックスをお願いします。

学校名　_____

担当（先生）お名前　_____

○をお願いします。
被災地支援として現職者（司書）や司書資格を目指している学生からの

学校図書館整備　　　　　希望する　　・　　希望しない

※作業初日は当館スタッフが立ち合いし作業工程を再確認させていただきます。

希望する学校は当てはまる所に○又は記入をお願いします。

【1】希望内容
① 図書の廃棄から廃棄原簿の作成
② 寄贈図書の装備（分類背ラベル・目録カード・ブックコートかけ）

※廃棄する本の段ボール（目安：リンゴ箱位の大きさで 20 箱程度（＠50 冊程度））を当日までにご準備願います。

【2】日程の調整

　夏休み中に（主に 8/1〜8/10）考えています。外して欲しい日を下記に記入ください。ただし，不都合日が多い場合はご期待に添えない場合があります。追って希望する学校と調整をさせていただきます。この他，秋や冬休みなど別途希望する場合も下記にご記入ください。

参考7.「サマーサンタクロース作戦・子どもたちへ本を届けよう！」関連資料

① 東松島市小中学校図書館整備事業　計画書

「1冊の本を読む楽しさ」、「たくさんの本を使って調べ・まとめて・自分の中で1冊にする楽しさ」を発見する環境を作ろう！

1. ねらい

　子どもたちの成長に欠かせないことは，よく遊んで・よく食べて・よく学ぶことをバランスよく行っていくことが大切である。その中で，心（脳）を育む有効な手段として読書がある。しかし，復旧・復興の道半ばであり，学習環境整備（学校の統廃合・改修），子どもの安全管理（登下校など）などに現在も追われているのが現状である。課題としては震災以前からも学校図書館の整備が中々進んでおらず，この震災において更なる拍車となっている。このことを踏まえ，子どもたちの拠所となり，心（脳）を育むことができる場所，学校図書館を「全国の有志」の協力を得て整備を行うもの。

2. 整備希望小中学校
(1) 小学校　8校
　赤井小学校，赤井南小学校，宮戸小学校，矢本東小学校，大曲小学校，大塩小学校，小野小学校，野蒜小学校
(2) 中学校　3校
　鳴瀬第一中学校，矢本第一中学校，矢本第二中学校
※　希望しない2校：鳴瀬第二中学校は津波により全壊で，仮設校舎で鳴瀬第一中学校の敷地内にあり，図書室は同校と共有のため。矢本西小学校は，地震などのため全壊となり仮設校舎のため新築

後に希望。

3. 期間

平成24年7月21日～平成24年9月下旬（詳細は別添のとおり）

4. 作業内容

これまでの古い資料の除籍作業，支援本等の受入（分類・図書カード作成・台帳作成・装備）など

② 東松島市小中学校図書館整備事業（準備資料）

1. 図書館（事務局準備物（予備も含めて））
(1) 装備用・修繕用品：ハサミ，定規，木工用ボンド，カッター，カッター台，剥離剤，ガンヂー（インキ消し），千枚通し，ホッチキス，背ラベル，段ボール（廃棄本入れ），荷造り用紐，ガムテープ，水性顔料ペン（背ラベル記入用），油性マジック，ごみ袋，雑巾，バケツ
(2) その他：日本十進分類法，名札，ビブス（支援者出る表示），休憩グッズ，支援者参加者名記入用紙，廃棄原簿（任意様式・学校で様式がない場合）

2. 学校へ（FAXで下記事項を依頼→学校図書館整備の実施にあたり事前に準備依頼）
(1) 事前の段取り
① 図書の廃棄処理を希望⇒廃棄して欲しくない図書の印付け（付箋などを貼り，分かるようにしてください）。
② 廃棄本の置き場所の指定⇒当日，廃棄原簿を記入し，本に廃棄印を押した後に紙ひもで縛るか段ボールに入れます。この時，何処にまとめておけば良いか廃棄本の置き場所を決めておいてくだ

さい。
③ 支援本の選書（図書室に加えるか否か）⇒支援図書は，一か所にまとめ当日，作業が分かるようにまとめて置いてください。
(2) 準備物（支援物資：図書館振興財団で提供を受けた消耗品）
① 廃棄処理希望 ⇒紙ひも又は廃棄本を入れる段ボール箱，はさみ，ゴミ袋，ぞうきん・ばけつ，廃棄のハンコ（廃棄印・無い時は事前に連絡ください。当館の備品で対応します），廃棄原簿（様式を図書館一任であれば図書館様式を採用します）
② 支援本の装備を希望 ⇒ブックコート，クリーンコートはさみ（5丁程度），背ラベル，ブックポケット，50cm程度の定規（ブックコート掛けで必要）5本程度
③ 本の修理を希望 ⇒クリーンコート（5cmサイズ），ビニール糊1個，ページヘルパーP（25mm）10巻位，背ラベル，クリーンコートはさみ（5丁程度），

※TRCカタログ参照・ブックコートのサイズや数量が分からないときは，図書館まで事前に相談ください。

※ブックポケットはTRCカタログ未記載なので，図書館振興財団にTRCカタログ未記載のことをFAXで明記いただき，下記の品名と数量を記載願います。

ブックポケット：キハラ14823-Y　1,000枚　7,665円
(3) その他（図書の支援選定：図書館振興財団へ依頼時について）
インターネット上で，支援依頼（注文）ができるよう現在調整中です。予定としては以下のとおりとなります。

7月19日〜7月31日　10：00〜17：00　随時：注文操作方法説明（10分程度）

※この時，IDとパスワードをお知らせします。
※注意：月曜日休館

③ 東松島市小中学校図書館整備事業【支援者の方へ】

　この度は，当市の子どもたちのためにご協力をいただきまして，誠にありがとうございます。皆様のご協力のおかげで，整備することができます。学校図書館がピカピカになることで，読書への意欲や楽しみが新たに2学期と共にスタートします。この活動は，作戦名のとおり残念ながら直接子どもの笑顔を見たり，声を聞いたりはできませんが，この震災の復旧・復興の有効活動であることをご理解いただきましてお願い申し上げます。

1. ご協力いただいている皆様（団体）
　日本図書館協会，宮城県図書館，宮城県高等学校図書館司書有志，NPO法人CFF，プロジェクト結（ゆい），東北福祉大学，宮城教育大学（予定）ほか

2. ご協力を頂くにあたってのお願い事
　活動にあたりまして以下のお願いをいたします。

(1) あいさつ・親睦を深めるようお願いします！
　　今回の活動において，上記の団体様にご協力をいただいています。この機会に，出会いのひとつと思いまして懇親を深めながらの作業をお願いします。また，廊下などで教員や保護者の方とすれ違った場合，あいさつをお願いします。

(2) 参加者名簿への記入をお願いします。
　　全員が集合した時点で，記録と記念を兼ねて集合写真撮影を行います。間に合えば当日か，後日，集合写真をカレンダーにして，郵送させていただく関係上記入をお願いします。また，学校へも本日の支援者名簿として提出させていただきますので，ご理解ください。

(3) 指定の休憩場所以外の教室・トイレの使用や入室はご遠慮願います。

教室などには，子どもたちの製作物や教材などがあります。活動中は，勝手に不足物品の調達や，校内見学などはご遠慮願います。不足物がある場合は，図書館職員又は教員に申出願います。
(4) 体調管理をお願いします。
　　気温が低くても，湿度が高いと熱中症などになる場合があります。体調が思わしくない場合は遠慮なく休憩するなどお願いします。
(5) 分からないことは，遠慮なく質問してください。
　　作業の進め方で，分からない時は，図書館職員又は教員に質問してください。
(6) 廊下・昇降口で不審な方を見かけた場合はお知らせ願います。
　　学校の日直の先生方には，巡回の回数を増やしてもらうようお願いしていますが，万が一，不審な方を校内で見た場合は，図書館職員・教員までお知らせください。
(7) 活動中は，メッシュベスト（当館で準備）の着用をお願いします。
　　学校側へ配慮として，学校図書館整備支援者であるという身分を分かりやすくするものです。特に，トイレや図書室から出ての廊下や玄関での作業は着用をお願いします。

3. 準備物

　筆記用具，汗拭きタオル，着替え（汗かきの方），水分，昼食，軍手，上履き

4. 連絡先

　東松島市図書館　副館長　加藤孔敬（よしたか）

　0225 - 82 - 1120

参考 8. ICT 地域の絆保存プロジェクト「東日本大震災を語り継ぐ」事業　関係資料

① 体験談・写真映像等提供　申請用紙（初期バージョン）

ICT 地域の絆保存プロジェクト「東日本大震災を語り継ぐ」事業

体験談投稿・写真映像等提供　【申請用紙】

●体験談のタイトル、テーマ、体験した場所・日時、氏名、年齢、ご住所、電話番号、FAX 番号、ご職業、メールアドレスをご記入ください。

タイトル

分野　※当てはまるところに〇をしてください

- ・3月11日当日の体験⇒【津波・地震】⇒【家族の安否・友人の安否・物資の支援
  - ・その他（　　　　　　　　　　　　　　　　　　　）】
- ・避難所暮らし　・自宅でのできごと　・仮設住宅の暮らし
- ・自衛隊のとの出会い　・その他（　　　　　　　　　　　）

場所（分かる範囲でおおよそでも可能）

日時（分かる範囲でおおよそ）

氏名

体験談等の記入の他に写真も添えていただけると助かります！！

年齢

ご住所

電話番号

（日中に連絡を取ることが可能な番号）

【著作権の帰属】

投稿された資料・写真・映像・心情や体験談などは、国内外の一切の著作権は原則として東松島市図書館に帰属することを氏名欄のサインにて了承とみなします。電子メールで頂いた場合は図書館に受信された時点で承諾とみなさせてもらいます。

FAX 番号

ご職業

mail

※写真をご応募いただく場合は、体験談記入用紙に写真の概要説明などのコメントをご記入ください。

東松島市図書館　Tel.0225-82-1120

図書館記入欄【提供内容】　・体験談や心情　・写真（データ）　・映像（データ）
※いずれかに〇をつける

【体験談・心情】

体験談等の記入の他に写真も添えていただけると助かります！！

【感謝・後世に伝えたいこと一言】

※政策的な提言や公序良俗に反するものは記録として保存されません。また、この用紙に書かれた質問や疑問は回答しないものとします。（お手数をおかけすます。足りないときは、用紙指定しませんので用意していただき記入をお願いします）

② 体験談「語り手」募集 チラシ,承諾書

ICT地域の絆保存プロジェクト「東日本大震災を語り継ぐ」事業
あの日、あの時、あの瞬間を後世に語り継ぐ

「体験談を聞かせてください・語り手」募集!

　図書館では、震災の体験を後世に伝えていく事で同じ悲劇を繰り返さないように、また、子どもたちの防災教育に役立てていくために、自身の体験談をお話ししてくれる方を募集中です。
　なお、電話等の連絡をいただければ取材に伺います。

【概要】
・電話等の連絡を頂いた時点で、取材日・時間を調整させていただきます。
・場所は問いません(仮設住宅集会室、ご自宅、図書館でも可能)。
・年齢は問いません(おおむね小学生高学年～)。
・お話を伺う時間、10分～20分程度。
・お茶会などで思うままにみんなで、フリートーク形式で語ることも可能。
・震災時・その後の体験記(忘れられない出来事・今だから話せる事など)
・ビデオカメラ・録音機を設置しお話をいただきます。

【問合せ先】
東松島市図書館　電話 ８２－１１２０
休館日:月曜日・祝日　対応時間:１０:００～１７:３０(火～日曜日)

【使用許諾事項】
　使用については、東松島市に著作権が帰属するものとし、図書館資料としてデジタル・紙などに加工し、保存していきます。また、インターネット等で公開するだけでなく、まちづくり・文化発展・調査研究・防災教育の発展、国の機関などにおいて広く活用させていただくこともあります。
　ただし、公序良俗に反するものや他人を批判するもの、政治的なもの等、当館が不適切と判断した場合は保存・公開対象外とさせていただくこともありますので、あらかじめご了承ください。

ICT 地域の絆保存プロジェクト「東日本大震災を語り継ぐ」事業
あの日、あの時、あの瞬間を後世に語り継ぐ

「体験談を聞かせてください・語り手」承諾書

下記の中からお話していただく内容をお選びください。 いくつでも可
- 地震発生時の体験談
- 津波の体験談
- 避難所での体験談
- 自宅での体験談
- 家族との出来事（絆・うれしかった・悲しかった・感謝）
- 友人知人との出来事（忘れられないこと）
- ボランティアの人達との出来事
- 一番うれしかった事、辛かった事
- 未来へのメッセージ（一言）

氏名（代表者）　　　　　　　　　　　　年代　　　　　代　　性別　男・女

被災場所又は住所

グループ語り（2名以上）の場合

氏名　　　　　　　　　　　　　　　年代　　　　　代　　性別　男・女

氏名　　　　　　　　　　　　　　　年代　　　　　代　　性別　男・女

氏名　　　　　　　　　　　　　　　年代　　　　　代　　性別　男・女

氏名　　　　　　　　　　　　　　　年代　　　　　代　　性別　男・女

氏名　　　　　　　　　　　　　　　年代　　　　　代　　性別　男・女

【許諾事項】

「語り手」承諾書を記入頂いた時点で、東松島市に著作権が帰属し、防災の観点から教育・文化・福祉・まちづくりの向上、国や様々な機関で、使用・公開・活用がされることに承諾し、以下の事に対し意義・申立てがないものとします。

使用・公開方法は東松島市図書館に一任するものとし、動画・録音・文字などで編集をしてから行われることがあります。撮影・使用・公開の対価は無償とさせていただきます。

公序良俗に反するものや他人を批判するもの、政治的なもの等において当館が不適切と判断した場合は保存・公開対象外とさせていただくこともあります。

スタッフ記入

日時　平成　　　年　　　　月　　　　日　録画場所

撮影者　　　　　　　　　　　聞き手

③ 東日本大震災「心に残るメール」募集 チラシ

ICT地域の絆保存プロジェクト（東日本大震災を語り継ぐ）

あの日、あの時、あの瞬間を残す ✉

東日本大震災「心に残るメール」

ご存知でしょうか。携帯メールは送信・受信の容量が決まっており古いメールから消えていくことを・・・。

あの日、あの時のメールは永遠ではありません。記録を図書館に送信し後世に伝えましょう。

【経緯】

東松島市図書館では現在、震災の風化により日日忘れられていく記憶を少しでも残し後世に伝え防災教育に役立てていくため「記録収集」しています。

その中で、震災直後、震災からここ1年の中で、皆さんの**携帯やパソコンの中に眠っている、忘れられない言葉**も現在集めています。

自分が一番記憶に残るメール、勇気・元気を出そう！涙が出た中でボタンを押した『送信メール』を図書館まで再送信ください。頂いたメールは地域ごと・日付毎に分類し図書館のホームページ「東松島・東日本大震災を語り継ぐ」やデジタル資料として保存し公開を行います。

心よりお待ちしています。

心に残るメール ✉ 送信先 hlib311@●●●.●

QRコード・ア！

【お願い】

お住いの地区（例：赤井地区）、年齢、性別、メールの送受信日、
追加入力し送信願います！

※個人名は原則公開対象外とさせていただきます。ただし、記録の観点から公開する場合は、
提供者に確認後公開とさせていただきます。不明な点はメールで相談願います。

問い合わせ先：東松島市図書館　電話　0225－82－1120

【使用許諾事項】

東松島市図書館が受信を確認できた時点で、東松島市に著作権が帰属するものとします。

使用については図書館資料としてデジタル・紙の分野で保存公開し、まちづくり・研究調査などにも広く活用させていただきます。ただし、公序良俗に反するものや他人を批判するもの、政治的なもの等当館が不適切と判断したメールは公開対象外とさせていただきます。また、誤字等は訂正させていただくことがあります。

④ 震災資料収集に係る電子化・公開承諾書，呼びかけチラシ

電子化・公開（紙・写真等）の承諾書及び
電子資料提供と公開の承諾書

　図書館では現在、地域の資料を収集・整理・保存し、後世に資料として残す為に製本し図書として一般貸出や電子資料の環境作りを進めています。また、資料を広く見てもらいたいと考えています。ご協力をお願いします。

月日	
	平成　　　年　　　　月　　　　日

氏名・団体名（代表者名）

住所

連絡先

提供媒体
紙　・　電子（PDF・JPEG・PNG）　・　映像　・その他

インターネット公開不可の場合は以下サインをお願いします。

　インターネット公開は不可とします：氏名_____

【承諾事項】

　上記氏名住所等の記載により、承諾したものとみなさせていただきます。使用・公開については、東松島市に著作権が帰属するものとし、図書館資料として必要に応じてデジタル・製本等の加工し保存していきます。

　公開方法としては、製本し図書として一般貸出やタブレット端末などを主としています。また、場合によっては、まちづくり・文化発展・調査研究・防災教育の発展、国の機関などにおいて広く必要に応じて活用させていただくこともあります。

　ただし、公序良俗に反するものや他人を批判するもの、政治的なもの等において、当館が不適切と判断した場合は保存・公開対象外とさせていただくこともありますので、あらかじめご了承ください。

【問合せ先】

　東松島市図書館　　電話　８２－１１２０
　休館日：月曜日・祝日　　対応時間：１０：００～１７：３０（火～日曜日）

あの日、あの時、あの瞬間を後世に語り継ぐ

地域資料の提供をお願いします！

　図書館では現在、地域の資料を収集・整理・保存し、後世に資料として残す為に製本し図書として一般貸出や電子資料の環境作りを進めています。また、資料を広く見てもらいたいと考えています。ご協力をお願いします。

【提供いただきたい資料】
　一部しかない場合は一時借用処理もあります！
・当時の古い資料（チリ津波、昭和初期のまちなみ写真など）
・東日本大震災において、避難所で使用されていた貼紙やチラシ
・応急仮設住宅やみなし仮設住宅等で使用されていた貼紙やチラシ
・東日本大震災に関する調査報告書、活動記録紙
・ご自身が執筆した資料（出版または掲載された資料含む）
・学校だより、園だより、地域かわら版、ミニコミ紙、フリーペーパーなど
・被災した地域の写真、映像など

※デジタルデータの提供は大歓迎です。もちろん紙媒体の提供も歓迎です。
※紙媒体で寄贈いただいた資料（出版図書は著作権上対象外）は可能な限りPDFなどのデジタル化資料とさせていただきます。

※公序良俗に反するものや他人を批判するもの、政治的なもの等において、当館が不適切と判断した場合は保存・公開対象外とさせていただくこともありますので、あらかじめご了承ください。

【問合せ先】
東松島市図書館　　電話　８２－１１２０
休館日：月曜日・祝日　　対応時間：１０：００～１７：３０（火～日曜日）

⑤ 学校への資料提供呼びかけチラシ

ICT 地域の絆保存プロジェクト（東日本大震災を語り継ぐ）

あの日、あの時、あの瞬間を残す

震災直後からの学校・クラスだより、震災直後の写真や映像

図書館に提供をお願いします！

　東松島市図書館では、震災の風化により日々忘れられていく記憶を少しでも残し、後世に伝え、防災教育に役立てていくために「記録収集」をしています。
　大変お手数をおかけしますが、提供可能な範囲で資料の提供をお願い申し上げます。

・震災直後の学年・クラスだより
・震災直後の学校だより（定期発行の場合、震災から約1年以内の発行物）
・災害の写真や映像

【使用許諾事項】
　デジタル資料は、インターネットなどで公開することもあります（その場合には、事前調整させていただきます）。まちづくり・調査研究・防災教育の発展のため国の機関などにおいて広く活用させていただくこともありますので、あらかじめご了承ください。

問合せ先：東松島市図書館　電話　８２－１１２０　担当　加藤

⑥ 「東日本大震災」体験記録の文字化，映像化のルール

ICT地域の絆保存プロジェクト「東日本大震災を語り継ぐ」事業「東日本大震災」の体験記録　作成の基本的なルールについて

【編集にあたり】

　取材においては体験談をお話しいただいた方から公開等に承諾する旨の承諾をいただいています。承諾をいただいていることを前提に，改めて取材者に対して，テープ起こしを行った完成品（記録・映像）を確認していただくという作業は行わないこととします。

（文字化）編集作業について　ルール

1. 体験談者記載事項【表紙に記載】
・氏名，年代，性別，被災した場所，住まい（例：東松島市赤井），取材日
2. 体験談の文面・内容について
①経済的・心情的・周囲の人・職場に不利益を与えるおそれがあるものは削除する。
②体験談者がオフレコと言ったところは削除する。
③話が何度も同じところは，内容の精度が高い話しを優先採用とする。
④数字（世帯数，死亡者数など）は確認又は約などを付ける。
⑤行政区・学校・集会所・市民センターを明らかに間違えている場合は体験談者が言いたかった箇所を修正し記載する。（例：×鳴瀬小⇒○野蒜小，保養所⇒かんぽの宿）
⑥表現が多重表現の場合はとりまとめる。
⑦方言は言い改めない。カッコ書きで後ろに意味をつける場合がある。
⑧震災に関係のない話しは削除する。（例：×大根の育て方の話。○津波で被災したが養分が豊富になり収量が増えた）

⑨小見出しを短くつけて,通し番号(章)を付ける。(例:1, 2, 3,)
⑩固有名詞は基本的に出さない。(例:カコちゃん⇒孫,佐々木さん⇒近所の人)

　記載⇒友人・知人・知り合い・娘・孫・嫁・妻・夫・子ども・息子・
　　　　娘・叔父・叔母・いとこ・祖母・祖父など

⑪文は横書きとする。
⑫数字は漢数字が習慣的になっている場合を除き,アラビア数字とする。

　・アラビア数字(例:5冊, 50万円, 5,555,000円)

　・漢数字(例:一般に,一時的に,一見にして,第三者,数百人・・・)
⑬句読点は(。,)及び(「」),引用符(" ")とする。

(映像化)編集作業について　ルール

1. 体験談者記載事項【映像に表示事項】
・氏名,住まい(例:東松島市赤井),取材日,体験談の概要
2. 体験談の映像内容について
①経済的・心情的・周囲の人・職場に不利益を与えるおそれがあるものは削除する。
②体験談者がオフレコと言ったところは削除する。
③話が何度も同じところは,内容の精度が高い話しを優先採用とする。
④行政区・学校・集会所・市民センターを明らかに間違えている場合は体験談者が言いたかった箇所をテロップで補足の意味で流す。
　(例:鳴瀬小⇒野蒜小,保養所⇒かんぽの宿)
⑤方言はテロップで意味を補足する場合がある。
⑥震災に関係のない話しは削除する。(例:×大根の育て方の話。○津波で被災したが養分が豊富になり収量が増えた)

⑦　「きっず夏休み復興アーカイブ記録・編集ワークショップ」チラシ・申込用紙

きっず夏休み 復興アーカイブ記録・編集ワークショップ

自由研究！ 私たちのまちの復興過程を記録をしてみませんか？

撮影した映像はDVD 写真はプリント＆コメントを入れて持ち帰れます！

友だちと一緒に、ビデオカメラを使って、
・いま、自分が誰かに伝えたいこと
・自分が大きくなったときに、自分の子どもや孫（＝後世）に伝えたいこと
・身近な友だち、おとなたちのがんばりや、まちの状況
・記憶を記録としてとどめておきたいこと
・復興（ふっこう）へのさまざまな取り組み
・うれしかったことなど、いまの想い
・未来の夢
などのテーマで、短い映像を制作するワークショップを開催します。

ワークショップは計2日間を予定し、夏休みのはじめの3時間程度で、どんなふうに撮ったらよいか、どんなふうに取材をするかを学び、貸与されたビデオカメラを持って、思い思いに撮影していただきます。そして、夏休みの終わりごろに、もう一度集まっていただいて、発表のための準備（編集作業）と制作発表会、参加者講評会を開催します。

仲良しのお友だちと、ぜひ一緒に参加してください。
※保護者の参加も大歓迎です。

参加無料

◆ 日時　1日目：7月31日(火)13:30～16:30頃、2日目8月10日10:00～16:00頃（無料・昼食付）
◆ 会場　東松島市コミュニティセンター　1階 集会室(1日目)、2階 会議室(2日目)
◆ 対象　東松島市の親子・子ども同士　15組（小学生4年生以上、中学生まで：30～45人程度）
1チーム2～3名で応募すること（保護者の方の参加・参観！歓迎）。
◆ 使用機材について　ビデオカメラ、パソコンなどの必要な機器は、当日イベント主催側で準備いたします。※右下の写真にあるカメラを利用いたします。なお、夏休みを過ぎても継続して撮影していただける方は、長期的にビデオカメラを貸与させていただくケースもあります）
◆ 今後も定期的に開催を予定しています。続けてご参加いただけることを期待しています。

参加のお申込み

◆ 裏面の申し込み用紙に必要事項をご記入の上、FAX又は直接東松島市図書館にてお申し込みください。

FAX 82－1121

主催および問合せ先

主催：独立行政法人防災科学技術研究所　社会防災システム研究領域
　担当：長坂俊成・須永洋平　電話 029-863-7546　FAX 029-863-7541
共催：宮城県東松島市図書館　0225-82-1120

244

きっず夏休み映像制作ワークショップ　(7月31日、8月10日開催)
自由研究！私たちのまちの復興を記録してみませんか！

参加申込書

FAX又は直接東松島市図書館にてお申し込みください。FAX82-1121
※グループ全員のお名前、保護者名、ご住所等と、事務局からの連絡先（代表者のみ）をご記入ください。

会場：　東松島市コミュニティーセンター　（1日目:1階集会室、2日目:2階会議室）

代表者	ふりがな		性別	男 ・ 女	
	お名前				
	学校名		学年		年生
	保護者のお名前（代表）			印	
	住　所				
	連絡用電話番号				
	連絡用FAX番号				
	連絡用E-mailアドレス				
2人目	ふりがな		性別	男 ・ 女	
	お名前				
	学校名		学年		年生
	保護者のお名前			印	
	住　所				
3人目	ふりがな		性別	男 ・ 女	
	お名前				
	学校名		学年		年生
	保護者のお名前			印	
	住　所				

申込者が多数の場合には、申し訳ございませんが先着順とさせていただきます。
申込書にご記入いただいた個人情報は、本ワークショップに関わるご連絡以外には用いません。

問合せ先：東松島市図書館　電話0225-82-1120

⑧ 定点記録デジタルカメラ撮影に関する覚書

東日本大震災定点記録デジタルカメラ撮影に関する覚書

○○○（以下「甲」という）と特定非営利活動法人◎◎◎（以下「乙」という）とは、東日本大震災の記録収集において以下のとおり合意し、この覚書（以下「覚書」という。）を締結する。

（目的）
第1条　本覚書は、東日本大震災等を記録していくことで、今後の減災や防災、同じ悲劇を繰り返さないためにも後世に残すことを目的としておこなうものとする。
（撮影期間）
第2条　定点記録撮影期間は、以下第3条のとおりとする。
（記録場所）
第3条　甲と乙は、東日本大震災定点記録デジタルカメラ（以下「カメラ」という。）の以下の設置場所とし、甲は無償で記録場所を提供する。なお、定点キャラバン用は、甲と乙が協議しまちの復興風景等が変化している場所に3か月から1年単位で設置するものとする。

　　　設置名称・場所：東松島市役所　屋上
　　　設置期間：平成　　年　月　日～平成　　　年　　月　　日（　年間）
　　　設置名称・場所：東矢本駅北地区　仮設工事事務所
　　　設置期間：平成　　年　月　日～平成　　　年　　月　　日（　年間）
　　　設置名称・場所：キャラバン用
　　　設置期間：平成　　年　月　日～平成　　　年　　月　　日（　年間）
（撮影機材）
第4条　機材においては乙が準備・設置をおこなうものとする。
2　電源等の確保が困難な場合は、自然発電エネルギー利用などを甲と乙が協議をするものとする。
3　不可抗力又は、自然災害等において機器の破損が生じた場合乙は、甲に対して費用を求めないものとし、撮影機材を再び設置するか否かは、甲と乙が協議をするものとする。

（撮影方法）
第5条　野外もしくは室内のできるだけ高い位置にカメラを設置し、自動撮影を行い、撮影したデジタルデータ写真（以下「写真」という。）を無線等で自動転送できるものとする。
2　カメラの電気料は甲の負担とし、サーバー管理費用は第2条撮影期間においては乙の負担とする。
（機器のメンテナンス）
第6条　甲はカメラのメンテナンス作業として、乙の指導により行う。
2　乙はカメラからのデータ転送が成されない場合やトラブルが発生した場合は、できるだけ速やかに対応するものとする。
（撮影した写真の取扱い）
第7条　乙が撮影した写真については、甲の申し出に応じてデータにて無料提供を行う。なお、乙が提供した写真は、以下の活用方法においては、事前の利用許諾は不要とし無料で利用ができるものとする。また、以下の活用方法以外についての取扱については協議し決めるものとする。
(1)甲のホームページ上での公開
(2)甲などが主催する事業での利用
(3)甲の市民などが非営利・無料でおこなう講座や講演会等利用
(4)大学等における調査研究利用
2　甲は写真使用時「©◎◎◎」「©◎◎◎　◎◎◎」と記載するか、またはクリエイティブコモンズ表記に従い「 This photo by ◎◎◎　◎◎◎ is licenced under the Creative Commons」と記載し使用するものとする。
3　甲が利用する中で、ホームページ上公開等で第三者より2次利用や不正利用をされた場合は、乙は甲に損害は求めないものとする。
4　乙は甲の名誉棄損、個人のプライバシーを侵害する恐れがある写真は甲と協議をおこない速やかにデータ削除をするものとし、甲からの申し出があった場合も速やかに削除するものとする。
5　乙が何らかの理由で解散した場合は甲に著作権を委ねるものとする。
（設置期間の満了）
第8条　設置期間満了時に機器の撤去をおこなう場合は、甲と乙の協議の上協力して撤去をおこなうものとする。また、満了時には乙は甲に対して撮影した写真をデータにて無料提供を行い、甲は写真を使用する場合、第7条の撮影した写真の取扱いの使用許諾範囲内でおこなうものとする。

(設置期間の延長)
第9条 設置期間を延長して定点記録を継続する場合は、設置期間満了日までに甲と乙協議をおこない、次の期間における定点記録について、条件の見直しを含め、あらたに取決めをおこなうものとする。
(事業内容の変更)
第10条 甲と乙はお互いに協議をおこない、必要に応じて、内容を変更又は、業務を一時中止させることができるものとする。
(秘密の保持)
第11条 甲と乙は、本事業の処理上、お互いに知り得た秘密を他に漏らしてはならない。
(覚書の解除)
第12条 甲は乙に対し、覚書の不履行又は、不正行為、○○○契約に関する暴力団等排除措置要綱(平成20年○○○市訓令第○○号)に該当すると認めたとき、その他重大な過失があると認められたときは、この覚書を解除することができるものとする。
(管轄裁判所)
第13条 この契約について訴訟等の生じたときは、甲の事務所の所在地を管轄する裁判所を第一審の裁判所とする。
(その他)
第14条 この契約に定めのない事項又は疑義が生じたときにはその都度甲乙協議して決めるものとする。

この覚書を証するため、本書2通を作成し、甲乙記名押印のうえ各自1通を保有する。

平成　年　月　日

　甲(委託者)　　(住　所)
　　　　　　　　(氏　名)

　乙(受託者)　　(住　所)
　　　　　　　　(氏　名)

⑨ デジタル資料提供・使用許可申請書，許可証

デジタル資料提供・使用許可申請書

東松島市図書館長　様

　裏面の使用承諾事項を守り使用いたします。つきましては、資料提供と使用許可を承認くださいますよう申請します。

申請月日
平成　　　　年　　　　月　　　　日

氏名・団体名（代表者名）
㊞

住所　〒

連絡先

使用目的（例：震災ホームページ作成のため）

使用方法（転載・引用・転用・加工）　　（例：HPの場合はURL、出版物の場合は書名）

※TV・新聞などの場合は、掲載予定日時と時間を記載ください。

使用物　【該当箇所に〇をする。　区分：　写真　・　映像　・　PDF　】
数量　　　　　枚・点

【使用承諾事項】

　以下の内容を遵守し、裏面の「デジタル資料提供・使用許可申請書」の記載内容において、転載・引用・転用・加工など（以下「使用」という）するものとします。

　なお、申請者が使用範囲外で使用した場合、申請者は速やかに削除又は訂正等の対応をするものとします。

1、使用範囲
　①使用許可申請者が使用目的内での使用。
　②公序良俗の範囲内での使用。
　③裏面申請書内（使用目的など）での使用。
　④東松島市や図書館に対して、不利益が発生しない使用。
　⑤個人の誹謗中傷はしない。
　⑥第三者への提供はしない。但し、原稿依頼を受けて執筆使用は除く。
　⑦その他、図書館が不適切と判断されるような行為はしない。

2、費用・損害負担について
　使用上において費用・損害・事由などが発生した場合、自己責任において申請者本人が全て負うものとし、図書館及び東松島市は一切負わないものとします。特に、次の内容においては申請者本人の責任で使用するものとします。
　①内容の正当性、情報の有用性や完全性
　②使用において不具合や、使用上の機器の破損など

3、制作・加工等の依頼について
　図書館において資料の制作・加工及び原稿作成などは行わないものとします。

おねがい

　この資料を活用して出された、出版物・映像などは、図書館の資料収集・整理保存・提供の観点から、2部もしくは1部を当館に寄贈頂きますようお願いします。

デジタル資料提供・使用許可証

_____ 様

 東松図書第　号 平成　年　月　日 付けで申請がありました、「デジタル資料提供・使用許可申請書」(別紙)については使用許可いたします。つきましては、以下の許可条件を守り使用ください。

　平成　年　　月　　日

　　　　　　　　　　　　　　　　　東 松 島 市 図 書 館
　　　　　　　　　　　　　　　　　館 長　熱 海 修 一　㊞

【許可条件】
　以下の内容を遵守し、別紙「デジタル資料提供・使用許可申請書」の記載内容において、転載・引用・転用・加工など（以下「使用」という）するものとします。
　なお、上記使用者が許可条件外で使用した場合、使用者は速やかに削除又は訂正等の対応をするものとします。
１、許可範囲
　①使用許可申請者が使用目的内での使用。
　②公序良俗の範囲内での使用。
　③申請書内（使用目的など）での使用。
　④東松島市や図書館に対して、不利益が発生しない使用。
　⑤個人の誹謗中傷はしない。
　⑥第三者への提供はしない。但し、原稿依頼を受けて執筆使用は除く。
　⑦その他、図書館が不適切と判断されるような行為はしない。
２、費用・損害負担について
　使用上において費用・損害・事由などが発生した場合、自己責任において申請者本人が全て負うものとし、図書館及び東松島市は一切負わないものとします。特に、次の内容においては申請者本人の責任で使用するものとします。
　①内容の正当性、情報の有用性や完全性。
　②使用において不具合や、使用上の機器の破損など。
３、制作・加工等の依頼について
　図書館において資料の制作・加工及び原稿作成などは行わないものとします。

⑩　デジタル写真データの整理に関する覚書

ICT 地域の絆保存プロジェクト「東日本大震災を語り継ぐ」プロジェクト　「デジタル写真データ」の整理に係る覚書

　東松島市（以下「甲」という）と社団法人日本図書館協会（以下「乙」という）とは，東松島市が【ICT 地域の絆保存プロジェクト「東日本大震災を語り継ぐ」プロジェクト】（以下，プロジェクトという）により収集した「デジタル写真データ」の整理作業支援について以下のとおり合意し，覚書（以下「覚書」という。）を締結する。
（目的）
第 1 条　本覚書は，東日本大震災の記録を収集・整理・保存・公開していくことで，今後の減災や防災に役立て，同じ悲劇を繰り返さないためにも後世に残すプロジェクト（参考 1）を実現するために必要な作業の実施について定めるものである。
（支援作業の内容）
第 2 条　支援作業の内容は，デジタル写真データ（以下「写真」という）の整理過程のうち，写真中へのファイル名（メタデータ）のクレジット入れ込み部分とし，乙が甲に提供する支援は無償とする。なお方法と手順については「デジタル写真データに係る作業手順書」（参考 2）に基づき，甲と乙がお互いに理解を図り進めていくものとする。なお整理方法について例外的な写真や不明な点があった場合，乙は甲と協議をおこない必要に応じて内容を変更又は，支援作業を一時中止させることができるものとする。
（整理期間）
第 3 条　写真の整理期間は，次のとおりとする。ただし，甲と乙が協議の上，整理期間の変更ができるものとする。
　整理期間：平成 25 年 12 月 10 日〜平成 26 年 3 月 31 日
（整理を行う場所）

第4条　乙は定められた場所で写真整理をおこなうものとする。ただし，甲と乙が協議の上，変更ができるものとする。
① 　社団法人日本図書館協会協力団体の場所（別紙）
② 　名称：東松島市図書館
　　　場所：宮城県東松島市矢本字大溜 1-1
（機器類）
第5条　東松島市図書館以外の場所で作業を行う場合のパソコンは乙が準備するものとする。なお使用する機器類は，ウイルス対策ソフトがインストールされているもので最新の状態であるものとする。
（秘密の保持）
第6条　甲と乙は，本事業の処理上，お互いに知り得た秘密を他に漏らしてはならない。
（その他）
第7条　この覚書に定めのない事項又は疑義が生じたときにはその都度甲乙協議して決めるものとする。

この覚書を証するため，本書 2 通を作成し，甲乙記名押印のうえ各自 1 通を保有する。

　　平成　　年　　　月　　　　日

甲　　　（住　　所）　　宮城県東松島市矢本字上河戸 36-1
　　　　（氏　　名）　　東松島市長　阿部　秀保
乙　　　（住　　所）　　東京都中央区新川 1-11-14
　　　　（氏　　名）　　社団法人日本図書館協会　理事長　森　茜

別紙　日本図書館協会協力団体一覧
（平成 25 年 12 月 4 日時点）　※ 50 音順

NO	団体等名	住所
1	社団法人日本図書館協会	東京都中央区新川 1-11-14
2	白百合女子大学	東京都調布市緑ヶ丘 1 丁目 25 番地

参考 1

参考2

【参考2】 「ICT地域の絆保存プロジェクト「東日本大震災を語り継ぐプロジェクト」

デジタル写真データに係る作業手順書

(目的)

本覚書は、東日本大震災の記録を収集・整理・保存・公開していくことで、今後の減災や防災、同じ悲劇を繰り返さないためにも後世に残すことを目的としておこなうものとしています。

(支援内容)

デジタル写真データ（以下「写真」という）の支援内容については、マイクロソフトオフィースのパワーポイントを使いファイル名（メタデータ）を写真そのものにクレジットとして入れ込む作業となります。

(その他・諸注意事項)

枚数としては、1万枚弱です。決してご無理をなさらず可能な範囲でお願いします。

こちらでも、細心の注意を行い整理していますが、不適切な写真や違和感を覚えた写真（例：ご遺体の写りこみ）は付箋等でメモ書きをしていただきまして、該当するUSBメモリに添付していただけると大変助かります。

1、フォルダ毎にパワーポイントのファイルがあります。まず開きます！

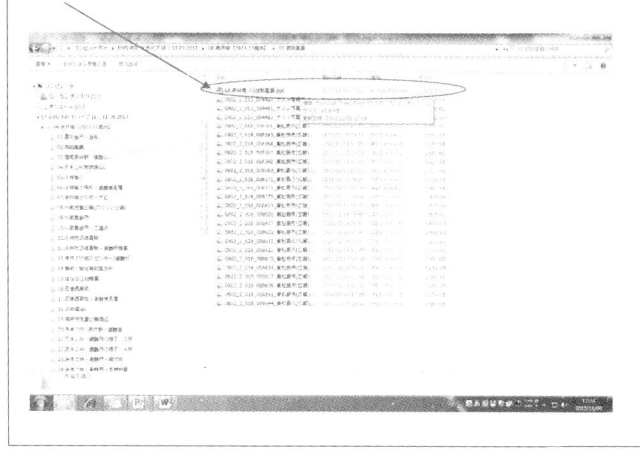

参考資料………255

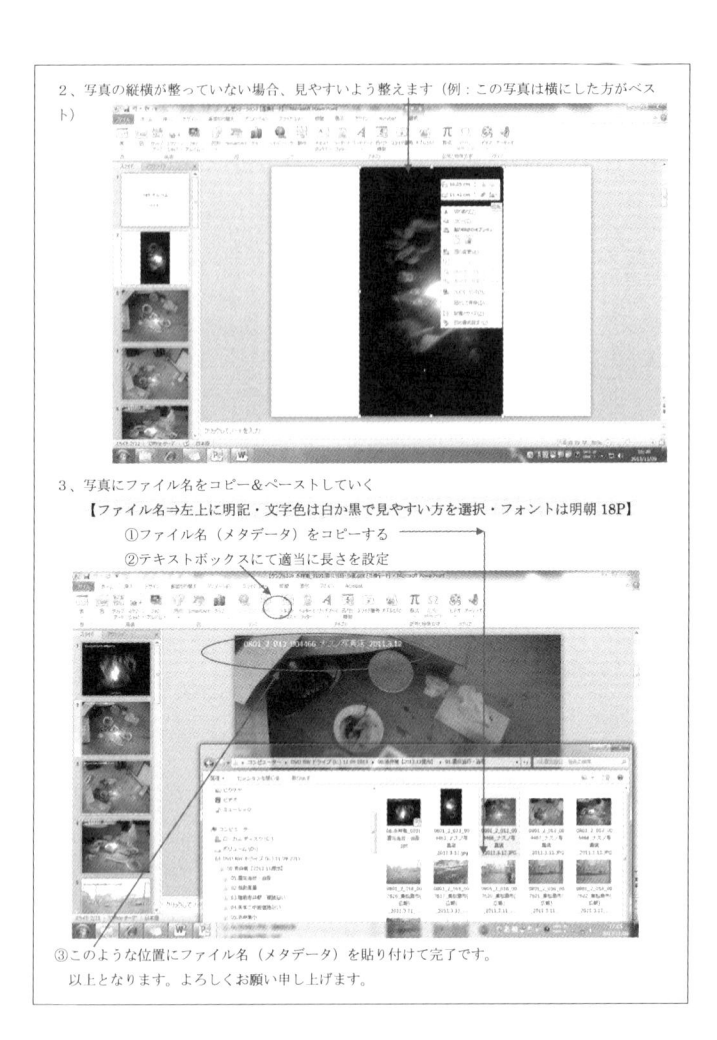

2、写真の縦横が整っていない場合、見やすいよう整えます（例：この写真は横にした方がベスト）

3、写真にファイル名をコピー&ペーストしていく

【ファイル名⇒左上に明記・文字色は白か黒で見やすい方を選択・フォントは明朝 18P】
　①ファイル名（メタデータ）をコピーする
　②テキストボックスにて適当に長さを設定

③このような位置にファイル名（メタデータ）を貼り付けて完了です。
以上となります。よろしくお願い申し上げます。

写真のファイル名(メタデータ)の重みづけ

以下の内容の物がファイル名として付けてあります。

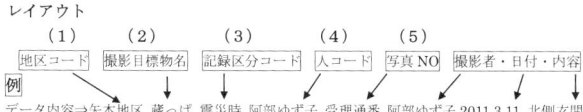

レイアウト
(1)	(2)	(3)	(4)	(5)	
地区コード	撮影目標物名	記録区分コード	人コード	写真NO	撮影者・日付・内容

例
データ内容⇒矢本地区_蔵っぱ_震災時_阿部ゆず子_受理通番_阿部ゆず子2011.3.11_北側玄関
入力例 ⇒ 0404_蔵っぱ_1_001_000001_阿部ゆず子_2011.3.11_北側玄関

(1) 地区コード (4桁、2桁⇒大分類、2桁⇒小分類)
※地区コードの中味は番号表参照。
　　フォルダ作成⇒大分類の中に小分類を作る。
　　フォルダ作成例：04_矢本東→01_市役所
　　　　　　　　　　　　　　→02_コミセン
　　　　　　　　　　　　　　→05_矢本駅
(2) 撮影目標物名
　　地区コードの小分類
(3) 記録区分コード
　　1、震災前
　　2、震災時 (~1か月)
　　3、復旧 (1か月~)
　　4、復興 (6か月~)
(4) 人コード　⇒　001~受け付け準に付与する。
(5) 写真NO
　　000001~受け付けた順番に付与する
　　(例)　阿部さんから震災時の写真100枚寄贈　1人目の寄附⇒000001~000100

参考資料………257

地区コード番号表　【抜粋】

【2013.12.1現在】

※番号が入っている地区コードが大区分，番号がない地名のみが地区コード（小区分）となります。

| 01. 国道45号線沿い | 赤井／大曲／矢本／鹿妻／牛網／鳴瀬川・吉田川

| 02. 貞山運河 | 新町／亀岡／新東名／流出物撤去作業／復旧後／北上運河

| 03. 定川 | 河口・定川大橋／定川／サイクリングロード大曲／サイクリングロード赤井

| 04. 矢本東 | 市役所／災害対策本部／コミセン／図書館／蔵っぱ／矢本駅付近／矢本一中／ゆぷと／中央幼稚園

| 05. 矢本西 | 矢本アンダーパス付近／鹿妻／鹿妻駅／立沼／穴尻個人宅被害

=　06～24　略　=

| 25. 復興・イベント | 大曲浜・青いこいのぼり／子どもの広場　など

| 26. ライフライン復旧工事・災害ごみ | 堤防仮復旧／県道復旧／電力復旧／災害ごみ　など

| 27. 交通機関 | 三陸道渋滞／JR再開／宮城交通バス乗り場／らくらく号

| 28. 復興後・施設 |

| 29. 復興後・街並み |

| 30. 震災前 |

| 31. 市外 | 石巻／石巻工業港／美里町／大崎市／松島町／仙台

※上記の小区分は，必要に応じて順次増やしています。

2015（平成27）年2月時点，31地区（大分類），391地区（小区分）約20,400枚公開

2015（平成27）年12月時点，31地区（大分類），462地区（小区分）約27,000枚公開

参考 9. 減災に備えて

【建物・施設類の特性を知り備えていること・備えておくと便利なこと】

　日常業務で把握しておきたい心構えを列記しました。

・物理的な備え
① 職員間の連絡網の整備（携帯・自宅・休みの時は行き先をコミュニケーションで確認）
② 各業者の連絡先の用意と常に見える位置に貼る（機械警備・火災報知器・清掃・自動ドアなど施設メンテナンスの契約業者）
③ 止水栓・ブレーカー・火災報知器・ガスの元栓・冷暖房等燃料タンク元栓の把握（全員：図書館は交代勤務の点から把握が必要）
④ 災害発生時の放送の内容を放送機器近くに貼り出し備えておく（例：書架の脇に立つように！天井からの落下物に注意，机の下に隠れて！地震が治まってから行動を！）
⑤ 放送機器近くに，ハンドマイクの準備（放送器具が使用不能に備え・声が地震による建物の軋み等で聞こえない）
⑥ 事務机の飛び出し防止のためにも鍵を差したまま普段は施錠（理想）
⑦ 資料の保存優先順位づけをしておく⇒自然災害で，避難者用として暖房用などで，使われる恐れあり
⑧ 腰の弱い図書（電話帳など）は下段配架等配慮
⑨ 低書架の図書落下阻止（大きい図書は下段）
⑩ 書架の配架レイアウト（大きな図書は下段）
⑪ 工具の備え（車のジャッキ，バール，ハンマーなど）
⑫ 救急セット，毛布，タオル（急病人用），災害時対応用品（懐中

電灯・ラジオ・電池など）
⑬ 事務所のスチール棚⇒床・天井固定（書類は重量があるため固定が必須）
⑭ 図書館電算システム更新時に仕様書に盛り込みたいこと⇒端末機・サーバーの転倒防止（固定），サーバーのUPS設置，サーバーラックのレイアウトは，収納されているデータの重要度から順位を決めて，出来るだけ大切なサーバーを上段から配置
⑮ パソコン端末類，視聴覚機器（モニター）の固定⇒パソコンが机から落下⇒落下や落下後の浸水（津波など）による破損防止のためにも（リース等において，自然災害破損は保守対象外）
⑯ 書架⇒床固定，壁固定，図書落下防止装置の整備
柱時計の落下防止固定

・知識の備え
① 映画等で危機管理のイメージトレーニング
② 年に1回は災害発生時に自分の行動のイメージトレーニング
③ 災害時は身内・大切な物を取りに戻らないということを忘れない：津波で亡くなった方の多くの理由
④ 自家用車の使用：災害発生時（津波警報）は控えるという心の言い聞かせ（車で移動は渋滞などにより時速9km以下になる。）
⑤ 日常業務における自然災害への備え。例：ブックトラックなどの作業物品は必ず奥，人は通路・避難口を確保することで，狭い書庫での作業において地震発生時に通路（避難路）の確保となる。また，書庫に入室している扉などに表示をすることで，自然災害時に行方不明者を出さない。

さいごに

　最後まで読んでいただきましてありがとうございました。
　2016（平成28）年3月11日で，早いもので5年が経過します。いろいろなことが思い出されます。相応しくない記述ですが，生理現象として振り返れば，震災発生後，それまで毎日のように排泄があったのが3日間なくなったことを思い出します。自治体職員としては，震災発生から避難所で12泊13日コースの24時間対応，1か月間連続勤務を経験しました。4月と5月は月休2日（管理職や首長，部門によってはこれ以上働いていました），お盆前までは週休1日ペースでした。そして，震災直後の少なくとも1か月はみんなスリムで，男性は髭をのばし放題，女性はノーメーク，体臭はキツかったのに気づかなかったのか知らないふりをしていたのか。そんな震災後の出来事は人それぞれであり，今となっては思い出話であり，記憶は消えつつもあり，そんな出来事も書き残したい思いがかねてありました。
　というのも，私が図書館員になりたての頃，当時，仙台市の図書館に勤務していた平形ひろみさんや，元宮城県図書館の故平形建一さん，石巻市の図書館長だった瀧本清明さんが，「司書は専門職だから，書けるようにならないといけない。書きなさい」と教授してくれました。そして，自らも精力的に範を示してくれました。さらには，豊富な知識と経験があるにもかかわらず，いばらず，変なプライドを持たず，わからないことは，どんな些細なことでも新しい発見と捉え聞くという背中を見せてくれました。そんな先輩方に，一歩でも少しでも近づきたいという思い，

図書館の持つ力と市民の期待に応えることの必要性が本書の実現へと導いてくれました。諸先輩方がいなかったら今の自分はないと思います。この場を借りて感謝申し上げます。

　最後に，被災地支援で，今何が必要ですか，と聞かれることがあります。
　私は，思います。
　募金，被災地でのボランティア活動も大切です。支援のあり方は多様なほどうれしいのが現実です。その中で，豊富な被災地支援活動の経験を活かし，わかりやすい具体例を示す方がいます。saveMLAK の岡本真さんです。岡本さんは，よく被災地産のものを購入すること，被災地を訪ね，できるだけ現地で買い物など消費をすること，被災地を忘れないことなど，ありがたい発言をしてくれます。これはまったく同感であり，継続してお願いするばかりです。
　また，支援が終息していく中で，ありがたい声を頂戴することがあります。「図書館への支援は必要ですか」ということです。図書館に勤務していること，図書館でアクションしていただける場合の提案をいたします。
　当たり前のことですが，図書館には多くの来館者がきます。その方々に情報を発信できる強みがあります。この強みを活かして，被災地の PR，旅行等で訪ねてみる企画を，資料を通じて行っていただければと思います。
　事例としては，大田区立大森南図書館，川崎市立図書館，柏市立図書館などで，被災地応援・震災の様子の資料コーナーづくり，当館が作成した DVD「東松島市からのメッセージ～震災を語り継ぎ未来を創造するために～」の上映やパネル展示を行ってい

ます。これは，何よりもありがたいことで，図書館ならではの活動であり，被災地支援の最大の実践と支援です。ぜひ広がりを見せてくれればとお願いするばかりです。

　これで本当に最後とさせていただきます。
　この1冊に興味・関心を抱いていただいた方，読んでいただいた方に，幸多きことをお祈りいたしまして，終わりとさせていただきます。
　ありがとうございました。

2016（平成28）年1月　加藤孔敬

事項索引

●アルファベット順

Amazon ···· 61, 63, 64, 65, 91, 92, 102, 103, 184
「Amazon 東日本大震災応援サイト」
　→「たすけあおう Nippon　東日本を応援　ほしい物リスト」
BCP　→事業継続計画
CFF（NPO 法人）·····96, 98, 121, 122
DVD ············ 176, 194, 195, 196, 262
Facebook ······························186
Google································190
Google Earth·························180
ICAN（NPO 法人）·········· 59, 169
ICT 地域の絆保存プロジェクト「東日本大震災を語り継ぐ」事業
 ························· 39, 134, 188
JA 信州諏訪······················ 96
「JLA メールマガジン」············ 58
JR 仙石線·················· 8, 196, 200
「KYT（危険・予知・トレーニング）」
 ·····································114
PDF ············ 151, 160, 177, 181, 183
PwC JAPAN·························186
QR コード····· 183, 190, 191, 192, 193
saveMLAK ······················ 65, 262

Words to the World ················186
YouTube ············· 151, 177, 178, 194

●五十音順

【あ行】
アイスブレーキング ··············128
青空リサイクル・ブックフェアー
 ························7, 56, 68, 69, 75
アーカイブ··· 137, 170, 174, 175, 188, 199, 206, 211
明石浩································ 38
秋山真理······························149
朝の読書······························108
「あそびの達人」······················ 73
阿部ゆず子··························181
粟井晶子······························ 98
安藤美里······················ 191, 194
池田桂子······························130
石巻かほく ············· 103, 141, 161
石巻市桃生ガーベラ部会·········· 96
石巻日日新聞 ·················· 141, 161
石巻日日新聞社 ······················ 63
和泉悦子····························vi, 49-52
伊藤秀大···························· 179, 180
映像編集·················· 149, 150, 195

264

恵庭市……………………………104
恵庭まちじゅう図書館…………104
絵本と木のおもちゃ横田や‥54, 68
「絵本福袋」………………………72
生出（おいで）登………………182
応急仮設住宅‥‥82, 86, 99, 100, 103, 117, 119, 187, 202, 210
大型紙芝居…………………………50
大田区立大森南図書館…………262
岡本真…………………………65, 262
奥田智子…………………………161
奥松島観光ボランティアの会‥‥173
小高香………………………………98
汚破損（資料）……………………42, 43
『おはなしおばさんのふれあい遊びギュッ』……………………………93
「おはなしのはなたば」………48, 50
小布施町…………………………104
おぶせまちじゅう図書館………104
「おみせやさんごっこ」…………73
「親子で読書マラソン」…………72

【か行】
柏市立図書館……………………262
「かぜのこ新聞」…………………167
「語り継ぐもの・中越地震データベース構築事業」……………………138
語り手………142, 144, 145, 146, 147, 148, 151
「かちかちかち」（紙芝居ボランティアサークル）……………………48

学級文庫…………………………72, 114
学校図書館………110, 113, 115, 116, 117, 118, 119, 130, 131
学校図書館整備支援事業……59, 110
学校図書館担当者………………113
学校図書館図書廃棄基準………115
学校図書室担当教諭と図書館の合同会議………………113, 116, 122
河北新報……………141, 161, 191
仮開館………………………………71
「カレントアウェアネス-R」……38
「カレントアウェアネス・ポータル」…………………………………38
川崎市立図書館…………………262
「感謝の寄せ書き作戦」……89, 106
きうちかつ…………………………73
危機管理トレーニング…………114
聞き手………………144, 145, 146
金須（きす）健……………………98
基礎タグ……………………183, 184
「きっず夏休み復興アーカイブ記録・編集ワークショップ」……163
キハラ………………………………59
木原ひとみ………………………184
規文堂………………………………59
「希望のツリープロジェクト」‥88, 98
協会　→日本図書館協会
緊急雇用創出事業…………………59
草津町立図書館……………………31
熊谷慎一郎……………58, 61, 65, 121
熊谷美和…………………………161

事項索引………265

熊本市……………… 53, 80, 88, 99
熊本ファッションストーリー実行委員会……………………………… 88
クラウドファンディング……… 167
県アーカイブ連絡会議　→宮城県東日本大震災アーカイブス連絡会議
県図書館　→宮城県図書館
航空自衛隊………………… 1, 68, 165
国土社…………………………… 54
「国立国会図書館業務継続計画」…204
「心に残るメール」……………… 142
小島誠一郎………………… 136, 139
児玉史子……………………… 120
「子どもたちへ〈明日の本〉プロジェクト　JBBY」……………… 106
「こどもとあゆむネットワーク」… 54
子ども読書活動推進計画……… 13, 87
「子どもの広場」………… 56, 68, 75
「子どものポスターモデル」…… 13
小林豊………………………… 106
小松あけ美………………… 146, 157
コミュニティづくり……………… 99
小森はるか…………………… 149

【さ行】

災害用伝言ダイヤル 171 ………208
埼玉福祉会……………………… 59
坂田邦子………………… 109, 146
坂本和子……………………… 38
さくまゆみこ………………… 106
佐藤翔輔………… 109, 146, 197

「サマーサンタクロース作戦」… vi, 39, 59, 92, 122, 124, 125, 128, 129, 130, 132, 181, 202
座間直壯……………………… 182
311 まるごとアーカイブス
……………………… 136, 139, 149, 166
事業継続計画……201, 203, 204, 205, 207, 208, 209
司書教諭……………… 113, 126, 130
静岡県花き生産者マーケティング会
……………………………… 96
事前復興……………………… 207
『実践マニュアル＆レポート　花育ハンドブック』……………… 98
自動車図書館…… 53, 54, 80-84, 87, 99, 132
柴山明寛……………………… v, 146, 183
自分事………………… v, 185, 189, 201
社会福祉協議会………… 136, 167
写真収集………………… 159, 163, 179
集団移転地………………… 131, 169, 196
「十年後の東松島を描こう!!」…169
出張型無償配本……80, 99, 104, 210
巡回図書…… 9, 78, 81. 86, 116, 139, 202, 210
調べ学習……………………… 114
白百合女子大学……………… 182
自立支援策…………………… 103
震災資料…132, 133, 135, 171, 187, 189
震災伝承……………………… v
震災の一次資料……………… 38

震災の語り部ガイド ……… 172, 173, 174, 196
震災の体験談‥ 136, 138, 143, 150, 152, 156, 162, 163, 165, 177, 184, 187, 194
震災の体験談（英訳）……… 184-187
進藤久明 …………………………… 73
真野節雄 ………………………… 159
新聞記事収集 ……… 31, 160, 162, 178
菅原優子 ………………… 146, 157
鈴木沙彩 ………………………… 98
鈴木のりたけ …………………… 106
製本 …………… 159, 171, 179, 188
関谷秀行 ………………………… 59
関谷康子 ………………………… 59
全国学校図書館協議会 ………… 115
仙台白百合女子大学 …………… 182
ソーシャルタグ …………… 183, 184

【た行】
高城拓未 ………………………… 95
高倉なを ……………………… 95-97
高梨富佐 ……………… 55, 69, 121
滝川市 …………………………… 54
「たすけあおう Nippon　東日本を応援ほしい物リスト」 …… 61, 63, 86, 92
脱酸処理 ………………… 171, 179, 188
他人事 …………………… v, 185, 201
タブレット端末 ……… 160, 172, 177, 190, 191, 196, 197
垂石眞子 ………………………… 106
「だれもが本に親しむまち」 …… 15

断水 ……………………………… 19
「地域ぐるみ子ども読書活動推進事業」 ………………………… 13
「小さな図書館」… 39, 61, 86, 92, 99, 101, 102, 104, 125, 132, 139, 165, 202, 211
千葉県松崎農園 ………………… 96
千葉裕恵 ………………………… 161
調布市立図書館 ………………… 31
著作権 …………………………… 169
ツカサ創研 ……………………… 88
津波 …………………… 17, 19-21
津波肺 …………………………… 25
停電 ………………………… 18, 19
定点観測 ……………… 168, 169, 187
デジタルコンテンツ化 ………… 137
デジタル写真 ………… 179, 190, 191
東京羽田ロータリークラブ …… 102
東京フロストバレー YMCA パートナーシップ YRM ……………… 187
東北大学 ……… v, 109, 146, 183, 197
ときわひろみ …………… 62, 63, 87
「読書都市宣言」 ………………… 15
特定防衛施設周辺整備調整交付金 ……………………………… 2, 16
図書館司書 ……………………… 115
図書館振興財団 ……… 59, 61, 71, 99, 110, 116, 118, 119, 135, 138, 139, 141, 162, 170
「図書館 PR 大作戦」 …………… 114
図書館法第 3 条 …………… 110, 118

事項索引 ……… 267

図書館まつり……7, 50, 76, 95, 96, 97
図書館問題研究会……………38, 40
図書落下防止装置………………8, 9
トーハン（株）………………128

【な行】
長岡市………………………138
長坂俊成……………………136
長崎県フラワーガーデン寺尾……96
中沢孝之………………………31
長鈴実紀子……………………98
「なつかしの航空祭写真展」‥165, 166
鳴瀬町…………………………1
西野文子……………………184
西村彩枝子………12, 31, 58, 59, 120
日本図書館協会‥31, 40, 58, 111, 120, 124, 126, 127, 131, 159, 181, 202
日本ファイリング………………59
日本ブッカー………………59, 60
日本ユニセフ協会………………55
乳幼児向けお話会………………72
ニューヨーク………………185
ニューヨーク補修授業校W校‥102, 184
根本彰…………………………44

【は行】
「初めて世界一周した日本人　若宮丸漂流」……………………62
花育キャラバン隊……………95–97
浜松PCガーベラ………………96

ハリソン春祭り………………185
阪神・淡路大震災…………38, 207
パンフレット………172, 192, 193
東日本大震災アーカイブ‥122, 132, 166
「東日本大震災・子どもの学び支援ポータルサイト」……………59
東日本大震災復興交付金…170, 171
「東松島市からのメッセージ～震災を語り継ぎ未来を創造するために～」………………194, 262
東松島市観光物産協会…………173
東松島市子ども読書活動推進計画‥16
「東松島市震災復興基本方針」‥134
東松島市生活復興支援センター
……………………167, 168, 169
「東松島市地域防災計画」………205
『東松島市東日本大震災記録誌』‥51
「東松島市『東日本大震災』復旧・復興指針」……………………134
「東松島市復興まちづくり計画」134
被災地案内・学習……………173
被災地観光……………………173
被災地見学……………173, 174
「フェルト」（布絵本ボランティア）
………………………48, 90
福田隆史………………………98
藤田浩子………………93, 184
富士見市……………………103
ブックコートフィルム…55, 59, 61, 121, 127, 128

268

復興期……………………………199
船越友美…………………………98
ブルーインパルス ………………1
プロジェクト結（一般社団法人）‥121
防災折り紙…………… 197-199, 208
防災科学技術研究所（独立行政法人）
　……………………… 136, 163, 166
防災ワークショップ ……… 172, 197

【ま行】
「マイブック笑顔プロジェクト in 熊
　本」…………………………88
まちとしょテラソ ……………104
「まちなか震災アーカイブ」‥172, 190, 193, 197
松岡要……………………………204
松本昭英……………… vi, 49-52, 62
見える化………………… 124, 129
三川幸江………………………184
「みやぎ企業 BCP 策定ガイドライ
　ン」…………………………204
宮城県沖地震 ……………… 18, 205
宮城県高等学校図書館司書‥121, 127
宮城県図書館…58, 120, 124, 127, 204
宮城県東日本大震災アーカイブス連
　絡会議………v, 146, 147, 149, 166, 167, 170, 183, 199
宮城県北部連続地震 ……… 2, 8, 58
「未来のまちの夢」……………167
「みんなで印そう！　津波の高さ MAP
　－後世に伝える震災の足あと－」
　………………………… 163, 164
無償配本コーナー ………………77
メタデータ ………………… 179-184

【や行】
『やさいのおなか』………………73
矢崎綾……………………………111
矢崎省三………………… 111, 181
矢本町………………………………1
矢本町立図書館 ………… 2, 3, 48, 165
「ユニセフちっちゃな図書館プロジ
　ェクト」……………………55
横田重俊………………… 54, 68, 69
吉田光美………… 121, 130, 131, 181
余震…………………………… 45, 71
予約・リクエスト ………………72
頼廣陽子 …………… 185, 186, 187

【ら・わ行】
来館型無償配本 ………… 75, 80, 210
陸上自衛隊…………… 25, 66, 68, 69
若田尚里………………………98

事項索引………269

●著者紹介

加藤　孔敬（かとう　よしたか）
　1970 年　岩手県遠野市に生まれる
　1992 年　富士大学において司書講習受講
　1993 年　宮城県　旧矢本町立図書館　司書
　2001 年　旧矢本町　生涯学習課　主査
　2003 年　旧矢本町立図書館　司書
　2007 年　東松島市図書館　副館長
　2015 年　東松島市教育委員会　学校教育課　班長

著書・レポート
・『教育関係者と農林漁業関係者が連携して進める学習の全国調査　実践事例とその課題』㈱農林漁村文化協会　2001
・「震災から 11 か月（東松島市）」『年報こどもの図書館　2007～2011：2012 年版』児童図書館研究会編　日本図書館協会　2012　p.12-16
・『みんなで考える図書館の地震対策　減災へつなぐ』日本図書館協会　2012（共著『みんなで考える図書館の地震対策』編集チーム）
・『みんなで考える　こんなときどうするの　図書館における危機安全管理マニュアル作成の手引き』日本図書館協会　2014（共著図書館政策企画委員会『こんなときどうするの？』改訂編集チーム）
・「第 4 章　東日本大震災を語り継ぐ」『図書館調査研究レポート No.15　地域活性化志向の公共図書館における経営に関する調査研究』国立国会図書館関西館図書館協力課　2014　p.67-100

> 視覚障害者その他活字のままではこの本を利用できない人のために，日本図書館協会及び著者に届け出る事を条件に音声訳（録音図書）及び拡大写本，電子図書（パソコンなど利用して読む図書）の製作を認めます。但し，営利を目的とする場合は除きます。

EYE LOVE EYE

◆JLA図書館実践シリーズ 29
東松島市図書館 3.11からの復興
東日本大震災と向き合う

2016年3月25日　　初版第1刷発行Ⓒ

定価：本体1800円（税別）

著　者：加藤孔敬
発行者：公益社団法人　日本図書館協会
　　　　〒104-0033　東京都中央区新川1-11-14
　　　　Tel 03-3523-0811㈹　Fax 03-3523-0841
デザイン：笠井亞子
印刷所：㈱丸井工文社
Printed in Japan
JLA201534　　ISBN978-4-8204-1519-0
本文の用紙は中性紙を使用しています。

JLA 図書館実践シリーズ　刊行にあたって

　日本図書館協会出版委員会が「図書館員選書」を企画して 20 年あまりが経過した。図書館学研究の入門と図書館現場での実践の手引きとして，図書館関係者の座右の書を目指して刊行されてきた。

　しかし，新世紀を迎え数年を経た現在，本格的な情報化社会の到来をはじめとして，大きく社会が変化するとともに，図書館に求められるサービスも新たな展開を必要としている。市民の求める新たな要求に対応していくために，従来の枠に納まらない新たな理論構築と，先進的な図書館の実践成果を踏まえた，利用者と図書館員のための出版物が待たれている。

　そこで，新シリーズとして，「JLA 図書館実践シリーズ」をスタートさせることとなった。図書館の発展と変化する時代に即応しつつ，図書館をより一層市民のものとしていくためのシリーズ企画であり，図書館にかかわり意欲的に研究，実践を積み重ねている人々の力が出版事業に生かされることを望みたい。

　また，新世紀の図書館学への導入の書として，一般利用者の図書館利用に資する書として，図書館員の仕事の創意や疑問に答えうる書として，図書館にかかわる内外の人々に支持されていくことを切望するものである。

2004 年 7 月 20 日
日本図書館協会出版委員会
委員長　松島　茂

図書館員と図書館を知りたい人たちのための新シリーズ！

JLA 図書館実践シリーズ 既刊20冊，好評発売中

(価格は本体価格)

1. **実践型レファレンスサービス入門　補訂版**
   斎藤文男・藤村せつ子著／203p／1800円

2. **多文化サービス入門**
   日本図書館協会多文化サービス研究委員会編／198p／1800円

3. **図書館のための個人情報保護ガイドブック**
   藤倉恵一著／149p／1600円

4. **公共図書館サービス・運動の歴史 1**　そのルーツから戦後にかけて
   小川徹ほか著／266p／2100円

5. **公共図書館サービス・運動の歴史 2**　戦後の出発から現代まで
   小川徹ほか著／275p／2000円

6. **公共図書館員のための消費者健康情報提供ガイド**
   ケニヨン・カシーニ著／野添篤毅監訳／262p／2000円

7. **インターネットで文献探索　2013年版**
   伊藤民雄著／197p／1800円

8. **図書館を育てた人々　イギリス篇**
   藤野幸雄・藤野寛之著／304p／2000円

9. **公共図書館の自己評価入門**
   神奈川県図書館協会図書館評価特別委員会編／152p／1600円

10. **図書館長の仕事**　「本のある広場」をつくった図書館長の実践記
    ちばおさむ著／172p／1900円

11. **手づくり紙芝居講座**
    ときわひろみ著／194p／1900円

12. **図書館と法**　図書館の諸問題への法的アプローチ
    鑓水三千男著／308p／2000円

13. **よい図書館施設をつくる**
    植松貞夫ほか著／125p／1800円

14. **情報リテラシー教育の実践**　すべての図書館で利用教育を
    日本図書館協会図書館利用教育委員会編／180p／1800円

15. **図書館の歩む道**　ランガナタン博士の五法則に学ぶ
    竹内悊解説／295p／2000円

16. **図書分類からながめる本の世界**
    近江哲史著／201p／1800円

17. **闘病記文庫入門**　医療情報資源としての闘病記の提供方法
    石井保志著／212p／1800円

18. **児童図書館サービス 1**　運営・サービス論
    日本図書館協会児童青少年委員会児童図書館サービス編集委員会編／310p／1900円

19. **児童図書館サービス 2**　児童資料・資料組織論
    日本図書館協会児童青少年委員会児童図書館サービス編集委員会編／322p／1900円

20. **「図書館学の五法則」をめぐる188の視点**　『図書館の歩む道』読書会から
    竹内悊編／160p／1700円